beck **sche**
reihe

W0056975

b sr

Daß Diskussionen schiefgehen, ist eine beinahe alltägliche Erfahrung. In diesem Buch steht, wie man es richtig macht. Man lernt praxisnah und mit vielen Beispielen nicht nur die Grundelemente vernünftiger Argumentation kennen, sondern auch geeignete Verfahren, um faule Tricks, falsche Schlüsse und rhetorische Fallen abzuwehren. Damit die eigenen Argumente gut ankommen, erklärt Jürgen August Alt darüber hinaus, wie man argumentatives Können und rhetorische Technik wirkungsvoll verknüpft.

Dr. phil. *Jürgen August Alt* gibt Rhetorikkurse und Seminare in Kommunikationstraining. Er hat zu diesen Themen auch mehrere Bücher verfaßt und außerdem eine Einführung in die Kunst des Zauberns vorgelegt.

Jürgen August Alt

Richtig argumentieren

oder wie man in Diskussionen Recht behält

Verlag C.H. Beck

Mit 3 Abbildungen und 3 Tabellen

Die Deutsche Bibliothek – CIP-Einheitsaufnahme

Alt, Jürgen August:
Richtig argumentieren : oder wie man in Diskussionen
Recht behält / Jürgen August Alt. – Orig.-Ausg.,–
München : Beck, 2000
  (Beck'sche Reihe ; 1346)
  ISBN 3 406 42146 6

Originalausgabe
ISBN 3 406 42146 6

Umschlagentwurf: +malsy, Bremen
© C. H. Beck'sche Verlagsbuchhandlung (Oscar Beck), München 2000
Gesamtherstellung: C. H. Beck'sche Buchdruckerei, Nördlingen
Printed in Germany

Inhalt

1. Einleitung

Es vergeht wohl kaum ein Tag, an dem wir nicht argumentieren. Im Büro, an Schulen, zu Hause – überall tragen wir die eigene Meinung vor, hören die Argumente der anderen, stellen Fragen, erwarten und geben Antworten. Und selbst im Urlaub kritisieren, begründen, fragen und antworten wir. Beispielsweise versuchen wir, unseren Kindern zu erklären, warum sie an einer Exkursion ins Landesinnere teilnehmen sollen, statt am Strand liegen zu bleiben. Außerdem hören wir oft anderen Leuten beim Diskutieren zu, mal mit großem Interesse, mal eher beiläufig. Wir verfolgen etwa eine Fernsehdebatte zwischen Politikern oder nehmen an einer Gerichtsverhandlung teil. Darüber hinaus werden wir mit Argumenten konfrontiert, wenn wir die Tageszeitung lesen. Obwohl wir also in Übung sind, verlaufen Diskussionen in vielen Fällen nicht so, dass wir wirklich damit zufrieden sein könnten.

Weit verbreitet ist die Überzeugung, manche Themen und Probleme ließen sich gar nicht auf eine vernünftige Weise erörtern. Und tatsächlich: Etliche Zeitgenossen verlieren nicht nur die Geduld, sondern, wie es scheint, auch den Verstand, wenn heikle Fragen zur Debatte stehen. Denken Sie nur an die Auseinandersetzungen über die Sterbehilfe oder die Abtreibung. Vorwürfe, Schuldzuweisungen und heftige persönliche Attacken vereiteln allzuoft eine sachliche Erörterung solcher Fragen. Wer aber bereit ist, vernünftig über solche Themen zu diskutieren, macht schon bald die folgende Erfahrung: Den meisten von uns fällt es schwer, liebgewordene Auffassungen zu hinterfragen oder gar fallen zu lassen. Deshalb gelangen einige Leute auch zu dem Schluss: Es lohnt sich ohnehin nicht, auf vernünftige Argumente zu setzen. Diese Einstellung führt dazu, dass die Möglichkeiten rationaler Argumentation nicht ausgeschöpft werden.

Eine resignative Haltung entwickeln aber auch diejenigen, die zu hohe bzw. falsche Erwartungen haben. So meinen einige, dass argumentative Auseinandersetzungen nur dann sinnvoll sind, wenn sie mit einem konkreten Ergebnis, einer Übereinkunft enden. Wer so denkt, übersieht die beim Argumentieren in Gang kommenden Lernprozesse, deren Ende offen ist.

Richtig diskutieren will gelernt sein. Dabei hilft Ihnen dieses Buch, das viele Beispiele enthält – etwa Dialoge, die Sie selbst weiterspinnen können. Schon bei der Vorbereitung einer Debatte haben Sie die Möglichkeit, zu einem möglichst guten Verlauf beizutragen. Wie das geschieht, steht im dritten und vierten Kapitel. Die Kapitel fünf bis acht liefern das Rüstzeug für eine vernünftige Argumentation: Wie kritisieren wir richtig? Welche Rolle spielen Definitionen und Begriffe? Ist es möglich, Behauptungen zu beweisen? Fragen wie diese werden dort behandelt. Das 9. Kapitel macht Sie mit den Fehlern und den faulen Tricks beim Argumentieren vertraut, die vernünftige Auseinandersetzungen häufig vereiteln. Diese falschen Züge zu kennen und überzeugende Gegenmaßnahmen parat zu haben, entscheidet oft über den weiteren Verlauf einer Debatte.

Gerne berufen wir uns auf Erfahrungen, wenn wir eine These stützen wollen; dabei sind wir aber in den meisten Fällen nicht vorsichtig genug. „Inwiefern können Erfahrungen als Argumente verwendet werden?" lautet also die Frage, die im Mittelpunkt des 10. Kapitels steht. Eine besondere Art der Erfahrung scheint dann vorzuliegen, wenn jemand von etwas betroffen ist, wenn jemand in etwas verwickelt ist, von dem andere ausgeschlossen sind. In der letzten Zeit beteiligen sich z.B. an Fernsehdebatten häufig Leute, die in diesem Sinn betroffen sind: Hausmänner, HIV-Infizierte, alleinerziehende Mütter usw. Solche Betroffene beanspruchen nicht selten eine privilegierte Position, sie glauben, ihre Argumente hätten ein besonderes Gewicht. Mit den damit zusammenhängenden Fragen und Schwierigkeiten beschäftigt sich das 11. Kapitel. Stimmt es, dass Argumente, Thesen, Normen und Werte nur von einem bestimmten Standpunkt aus betrachtet gültig, richtig, plausibel sind? Das behaupten jedenfalls die Relativisten, deren Kernthese wir auch so formulieren können: Argumente können nur innerhalb eines Rahmens – etwa innerhalb einer Kultur – gültig sein. Weil relativistische Positionen den Verlauf von Diskussionen stark prägen, ist ihnen ein eigenes Kapitel gewidmet, nämlich das zwölfte. Die Chancen, eine gute Diskussion zustande zu bringen, hängen natürlich auch davon ab, wie die anderen zu unseren Thesen und Argumenten stehen. Deshalb unterscheiden wir im 13. Kapitel einige Sorten von Gesprächspartnern, denen wir bei verschiedenen Anlässen begegnen. Anschließend, in Kapitel 14, geht es um Signale, die in Kommunikationsprozessen überhaupt, also auch in Debatten, eine Rolle spielen. Diese Botschaften richtig zu entschlüsseln und angemessen darauf zu reagieren, gehört zu den Aufgaben, die bei einer Diskussion zu bewältigen sind.

Diskussionen, Reden und Texten mangelt es oftmals an Verständlichkeit. Sie sind so formuliert, dass es den anderen schwer fällt, aufmerksam zuzuhören. Selbst sehr gute Ideen finden keine Zustimmung, und die besten Argumente können scheitern, weil sie schlecht präsentiert werden. Aus diesem Grund lernen Sie diverse Verfahren kennen, die Sie in die Lage versetzen, Ihre Auftritte in Zukunft wirkungsvoller und überzeugender zu gestalten. *Vernünftige Argumentation und gute Präsentation werden auf diese Weise miteinander verknüpft* (Kap. 15–16).

Doch bevor wir all die genannten Themen anpacken, stellen wir noch eine Gretchenfrage, nämlich die Frage: Warum soll ich überhaupt vernünftig sein? Kommt es nicht viel eher darauf an, immer die eigene Meinung durchzusetzen, Recht zu behalten? Was also haben wir davon, wenn wir uns auf eine vernünftige Diskussion einlassen?

2. „Warum soll ich überhaupt vernünftig sein?" – ein Plädoyer für die Kunst vernünftiger Argumentation

Warum soll ich vernünftig sein? Wenn Sie diese Frage beantworten wollen, brauchen Sie eine Vorstellung davon, was es heißt, vernünftig zu sein. Folgt daraus, dass wir zunächst den Begriff „Vernunft" oder „vernünftig sein" möglichst genau definieren müssen? Auf den ersten Blick sieht es so aus, als sollten wir darauf mit einem entschiedenen „Ja" antworten. Aber ganz so einfach ist die Sache nicht. In der Einleitung, die Sie gerade gelesen haben, stehen ausschließlich undefinierte Begriffe – trotzdem waren Sie in der Lage, diesen Text zu verstehen, ohne sich um Definitionen zu kümmern. Bedenken Sie außerdem: Sobald ich damit beginne, einen Begriff zu definieren, benutze ich zwangsläufig weitere – undefinierte – Ausdrücke. Müssen diese nun ebenfalls definiert werden?

Jeder von uns verfügt doch über ein gewisses Verständnis darüber, was es heißt, vernünftig zu sein. So meinen wir beispielsweise, dass derjenige vernünftig handelt, der vorher über die Folgen seines Tuns nachdenkt. Es erscheint uns vernünftig, zu prüfen, ob die Folgen mit den angestrebten Zielen übereinstimmen oder ihnen wenigstens nahe kommen. Eine vernünftige Person sollte auch bereit sein, ungeeignete bzw. weniger geeignete Mittel fallen zu lassen und bessere Mittel zu entwickeln, um ihre Ziele zu erreichen. Dazu braucht sie *Hypothesen* über den Wirklichkeitsbereich, in dem sie etwas bewirken will. Weil solche Vermutungen oftmals Fehler enthalten, tut unser vernünftiger Mensch gut daran, kritisch mit diesen Vermutungen, mit seinem vorläufigen Wissen umzugehen. Andererseits dürfte klar sein, dass vernünftiges Handeln keineswegs immer bewusst und wohlüberlegt erfolgt. Der Philosoph Nicolas Rescher erwähnt als Beispiel hierfür unsere Gewohnheit, den Sicherheitsgurt anzulegen, sobald wir in ein Auto gestiegen sind. Es ist rational, meint Rescher, so zu handeln, obwohl wir nicht darüber nachdenken. Das haben wir und andere nämlich bereits in der Vergangenheit getan, und wir waren vernünftig genug, aus dem Anlegen des Gurtes eine Gewohnheit zu machen. Beachten Sie, dass hierbei auch ein Ziel im Spiel ist, nämlich das Ziel, möglichst unversehrt das Auto wieder zu verlassen. Doch diese Gewohnheit muss nicht für alle Zeiten vernünftig sein. Neue Sicherheitsvorrichtungen treten in der Zukunft vielleicht an die Stelle des bis dahin bewährten Gurtes. Und die Gurte, die wir heute verwenden, unterscheiden sich von denjenigen in der Vergangenheit. Diese sind nämlich im Laufe der Jahre verbessert worden. Wir alle, Autofahrer wie Ingenieure, hätten uns nach der Erfindung des ersten Modells eines Sicherheitsgurtes auf den Standpunkt stellen können, das endgültige, unüberbietbare Ergebnis schon erreicht zu haben: den perfekten Gurt. Doch bekanntlich kam es ganz anders. Das ursprüngliche Gurtsystem wurde geprüft, Schwächen wurden entdeckt und neue Erkenntnisse gewonnen. Es ist vernünftig, mit unseren Überzeugungen ebenso zu verfahren. Entweder in Gedanken – sozusagen im Dialog mit uns selbst – oder in Diskussionen versuchen wir, Thesen zu begründen, zu prüfen, zu verbessern und zurückzuweisen. Das setzt eine kritische Haltung voraus. Zwar finden wir es wahrscheinlich befriedigend, wenn wir Recht behalten, wenn wir Zustimmung erfahren. Das passiert leicht unter Gleichgesinnten, in einer Gruppe von Menschen, deren Ansichten sehr ähnlich sind. Doch die Billigung einer These unter diesen Bedingungen ist allzu leicht zu haben. Erst eine kritische Auseinandersetzung, also beispielsweise ein Vergleich mit anderen – konkurrierenden – Thesen, kann uns zeigen, wie tragfähig, wie plausibel die zur Diskussion stehende Behauptung tatsächlich ist. Nehmen wir an, sie hält der Kritik stand, sie bewährt sich, sie scheint zu stimmen; dann muss dieses Ergebnis nicht endgültig sein. Es ist ja möglich, dass wir gute Gegenargumente übersehen haben. Oder neue Erkenntnisse zwingen uns später, die These doch noch fallen zu lassen.

Diese Überlegungen legen es nahe, eine vernünftige Person folgendermaßen zu charakterisieren: *Sie ist bereit und fähig, Kritik zuzulassen, Kritik zu üben und aus Fehlern zu lernen.* Die Frage, warum wir vernünftig sein sollen, lässt sich nunmehr leicht beantworten. Negativ formuliert: Der Verzicht auf eine vernünftige Haltung blockiert Lernprozesse. Jeder Mensch verfolgt in seinem Leben bestimmte Ziele. Diese Ziele klar zu formulieren und kritisch zu diskutieren, macht uns deutlicher, was wir eigentlich wollen und wie realistisch die Ziele sind. Es liegt im wohlverstandenen Eigeninteresse, eine vernünftige Einstellung zu pflegen. Dabei handelt es sich um eine Option. Nicht immer und überall müssen wir vernünftig vorgehen. Aber tatsächlich liegt es in vielen Fällen nicht in unserem Interesse, Recht zu behalten. Nehmen Sie als Beispiel eine Abteilungsleiterin, die das Betriebsklima verbessern will. Sie hat ein paar Ideen, die sie mit ihren Kolleginnen und Kollegen diskutiert. In der Diskussion stellt sich heraus, dass nicht alle geeignet sind, um das angestrebte Ziel zu erreichen. Außerdem macht eine Kollegin zwei besonders gute Vorschläge. Es wäre doch töricht, diese Vorschläge nicht aufzugreifen und alle eigenen Ideen durchsetzen zu wollen. Wenn wir jedoch von einer Behauptung, einer Maßnahme, einem Zielvorschlag oder einem Werturteil überzeugt sind, sollten wir argumentativ dafür eintreten und unsere Aussagen vor Fehlschlüssen und faulen Tricks schützen.

Unvernünftig wäre es, die Möglichkeiten vernünftiger Argumentation zu überschätzen – wir sollten sie aber ausschöpfen. Zu hohe Erwartungen führen leicht zu Enttäuschungen. Niemals verläuft eine Diskussion ohne Fehler und Störungen.

Rational zu sein steht bei einigen Zeitgenossen nicht hoch im Kurs, weil sie argwöhnen, die Gefühle und Leidenschaften kämen dabei zu kurz. Das aber ist ein Missverständnis. Eine vernünftige Vorgehensweise kann uns gerade dabei helfen, unsere Bedürfnisse besser zu befriedigen. Andererseits haben wir die Chance, das, was uns die Gefühlserlebnisse nahe legen, kritisch zu prüfen (Kap. 10, 11). Im vernünftigen Leben, so formuliert es der Philosoph Kanitscheider, hat die Rationalität eine Leitfunktion (Kanitscheider 1993) – sie ist weder die Ursache unseres Verhaltens noch ist sie eine unhinterfragbare Macht. Vernünftig ist, mit der „Fehlbarkeit der Vernunft" (Albert 1980[4]) zu rechnen.

In der Philosophie wird ausführlich über die richtige Idee von Vernunft debattiert – meist unter dem Stichwort „Rationalität" (Rescher 1993; Schnädelbach 1984). Die vierbändige „Enzyklopädie Philosophie und Wissenschaftstheorie" widmet diesem Begriff 14 Seiten. Eine Streitfrage lautet: Lässt sich Vernunft selbst begründen oder mit Argumenten plausibel machen, oder beruht die Entscheidung, vernünftig zu sein, auf einem Glauben? „Die haben vielleicht Sorgen, die Philosophen", denken Sie vielleicht. Aber immerhin kann die Erörterung eines solchen Problems dazu beitragen, die Möglichkeiten und Grenzen der Vernunft besser zu verstehen. Wenn wir mit Argumenten jemanden zu einer rationalen Haltung bewegen wollen, muss der Betreffende ja bereit sein, auf unsere Argumente zu hören – und dann handelt er doch bereits vernünftig. Damit müssen wir uns nicht weiter herumschlagen – aber einen praxisnahen Gesichtspunkt möchte ich noch ins Spiel bringen: Wir alle, Sie und ich, sind stets mehr oder weniger vernünftig, mal mehr bereit, auch die eigenen Überzeugungen zur Diskussion zu stellen und mal weniger bereit. Ein bisschen vernünftig zu sein, kann als *Ausgangspunkt* dienen, noch etwas vernünftiger zu werden. Und wer bereits gelernt hat zu argumentieren, kann lernen, *noch besser zu argumentieren*. Dazu lade ich Sie jetzt ein.

3. Voraussetzungen vernünftiger Argumentation

Von einer dieser Voraussetzungen war bereits die Rede: der vernünftigen Haltung. Und immerhin scheint es ja möglich zu sein, für eine solche Haltung zu werben – jedenfalls habe ich das im vorhergehenden Kapitel versucht. Eine ganz entscheidende Voraussetzung für vernünftige Argumentationen liefert uns natürlich die Sprache. Sie hat verschiedene Funktionen. Dem Psychologen Karl Bühler verdanken wir den Vorschlag, drei Leistungen der menschlichen Sprache zu unterscheiden (Bühler 1978): 1. die *Ausdrucks-* bzw. *Kundgabefunktion*, 2. die *Auslöse-* bzw. *Signalfunktion* und 3. die *Darstellungsfunktion*. Jedes Lebewesen, das etwas äußert – z. B. einen Warnlaut von sich gibt –, bringt unvermeidlicherweise auch etwas über sich zum Ausdruck. Es verrät etwas über seinen Zustand. Wenn Ihre Stimme beim Sprechen zittert, nehmen andere dies vielleicht als ein *Signal* wahr, das Unsicherheit anzeigt. Sie teilen – auch gegen Ihren Willen – den Gesprächspartnern etwas mit.

Mit der Sprache beeinflussen wir aber auch das Verhalten anderer Menschen. Dies ist offensichtlich, sobald wir einen Appell sprachlich formulieren: „Bleib stehen!", „Unterbrechen Sie mich nicht!" Weitaus häufiger kommt es vor, dass die appellativen Aspekte neben der sprachlichen Formulierung auftreten. „Bald wird es dunkel" kann mit der Aufforderung verknüpft sein, etwas schneller nach Hause zu gehen.

Die Darstellungsfunktion hat für unser Thema eine besondere Bedeutung. Sprache dient dazu, Sachverhalte darzustellen. „Bald wird es dunkel" ist hierfür ein Beispiel. Fragt uns ein Tourist nach dem Weg zum Kölner Dom, bemühen wir uns normalerweise darum, den Weg möglichst genau zu beschreiben. Die Darstellung des Weges kann mehr oder weniger gut gelingen – sie kann sogar völlig falsch sein. Und das heißt: Die Beschreibung ist kritisierbar; sie läßt sich auch verändern, beispielsweise verbessern. Offensichtlich geht die Kritik an einer Darstellung über die Darstellung hinaus – *die Darstellung ist ein Gegenstand der kritischen Erörte-*

rung. Deshalb sollten wir Bühlers Klassifikation, einem Vorschlag Karl Poppers folgend, verbessern, indem wir sie ergänzen. Es fehlt nämlich die *argumentative Funktion*.

Die genannten Funktionen der Sprache sind im Verlauf der Evolution nacheinander entstanden. Die Optimierung dieser Funktionen, insbesondere die Ausgestaltung der argumentativen Funtion, stellt eine kulturelle Errungenschaft dar. Sehr bekannt ist das Kommunikationsmodell des Psychologen Schulz von Thun (1990; 1998), das neben Ausdruck, Appell und Darstellung noch den *„Beziehungsaspekt"* enthält. Während eines Gesprächs senden wir ja auch Botschaften, die etwas über die Beziehung mitteilen, zum Beispiel, ob wir den anderen ernst nehmen. Evolutionsbiologische Forschungen sind zu dem Ergebnis gelangt, dass die *Täuschung* von Artgenossen weit verbreitet ist. Schon ein Appell – beispielsweise ein Warnruf – kann vorgetäuscht sein, etwa um den anderen vom Futterplatz zu vertreiben. Mit solchen Täuschungsmanövern konkurrieren Lebewesen, insbesondere wir Primaten, um verschiedene Ressourcen (Paul 1998). Darstellungen lassen sich besonders leicht in den Dienst der Täuschung stellen. Jemand, der Ausländer nicht mag, könnte unserem Touristen absichtlich eine falsche Wegbeschreibung übermitteln. Und offensichtlich werden auch Argumentationen zum Zwecke der Täuschung eingesetzt. Die folgende Übersicht zeigt Ihnen zusammenfassend die wichtigsten Funktionen der menschlichen Sprache.

Funktionen der Sprache

- Ausdrucksfunktion
- Signalfunktion
- Darstellungsfunktion
- argumentative Funktion

Ganz vollständig ist diese Auflistung wohl nicht. So benutzen wir die Sprache auch, um künstlerische Wirkungen zu erzielen, etwa in einem Roman oder einem Gedicht.

Und nun das Entscheidende für die Theorie und Praxis vernünftiger Argumentation: Die menschliche Sprache ermöglicht es, *Person und Überzeugung zu entkoppeln*. Sobald wir Sätze aussprechen oder niederschreiben, sind diese nicht mehr Bestandteile unseres Organismus. Früher besaß ich eine Katze, die gerne auf die gläserne Abdeckscheibe des Aquariums sprang, um sich dort hinzulegen und durch die Scheibe hindurch ins Wasser zu schauen. Eines Tages entfernte ich diese bequeme Liegefläche, und das Tier sprang wie gewohnt. Es landete mit Haut und Haaren im Wasser – eine vermutlich scheußliche Erfahrung. Nach diesem Ereignis konnte ich eine Zeit lang beobachten, wie meine Katze um das Aquarium lief und immer wieder angestrengt nach oben schaute, ohne jedoch den Sprung zu wagen. Es mag ja an unserer Neigung liegen, die Haustiere zu vermenschlichen – ich hatte jedenfalls den Eindruck, dass der Konflikt, in dem sich die Katze befand, deutlich in ihrem Verhalten zum Ausdruck kam. Wie gerne wäre sie gesprungen, aber zwei konkurrierende Erwartungen, *zwei Annahmen in ihrem Katzengehirn*, machten ihr zu schaffen, die wir versuchsweise sogar in unsere Sprache übersetzen können: 1. Dort oben ist es warm und trocken und aufregende Gestalten sind in der Tiefe des Kastens zu sehen. 2. Vorsicht! Dort oben wartet Wasser auf mich. Doch während *wir* solche Thesen veröffentlichen und Fragen hierzu stellen können, blieb meiner geplagten Katze diese Möglichkeit versagt. Nach einigen Tagen schließlich probierte sie es wiederum aus und landete sicher auf der Glasscheibe. Ihr häusliches Katzenleben war wieder in Ordnung. Während andere Lebewesen also mit ihren „Weltbildern" im Kopf scheitern können, haben wir Menschen den *Vorteil, unsere Mutmaßungen vom Körper zu trennen*. Die Streitfrage, ob und inwieweit andere Primaten ebenfalls dazu in der Lage sind, lassen wir hier lieber beiseite (Savage-Rumbaugh/ Lewin 1995). Jedenfalls spielt die Tatsache, dass wir beim Argumentieren oftmals nicht konsequent genug Person und Überzeugung entkoppeln, bei etlichen Fehlschlüssen und faulen Tricks eine Rolle. Das müssen wir also lernen, wenn wir in Diskussionen zukünftig besser bestehen wollen. Aus unseren Vermutungen über die Welt, unseren Werturteilen und Zielvorstellungen machen wir Gegenstände einer Diskussion – nämlich *Aussagen*. Übrigens wird ausgerechnet dieser wichtige Gesichtspunkt in populären psychologischen oder kommunikationstheoretischen Modellen nicht angemessen berücksichtigt. Sprache, so heißt es oft, dient dem Austausch von Informationen. Diese verbreitete Ansicht greift etwas zu kurz. Wenn wir die gesamte Sprache für Ausdruck und Kommunikation halten, so meinen Kritiker der populären Modelle, lassen wir außer Acht, was gerade für die menschliche Sprache charakteristisch ist: nämlich wahre und falsche Aussagen zu machen und gültige und ungültige Argumente vorzubringen (Popper/Eccles 1982, S. 87).

Zwei Hauptregeln

An dieser Stelle können wir schon die zwei Hauptregeln formulieren, gegen die in Diskussionen oft verstoßen wird. Regel Nr. 1 lautet: *Beziehe Deine Argumente und Fragen auf die Aussagen.* Es passiert häufig, dass sich die Teilnehmer einer Diskussion auf die mutmaßlichen Absichten und Interessen der jeweils anderen konzentrieren und weniger darauf, was die anderen eigentlich sagen. Damit kann die Hoffnung verbunden sein, Anhaltspunkte für die Qualität der vorgetragenen Behauptungen zu gewinnen. Möglicherweise steckt auch der Wunsch dahinter, andere Teilnehmer in Misskredit zu bringen, indem deren mangelhafte Kompetenzen oder deren finstere Absichten aufgedeckt werden. Nun mag es ja oft nützlich sein, die Motive, Interessen usw. der anderen zu kennen. Und vielleicht bringen wir jemanden in Bedrängnis, wenn wir z. B. dessen Inkompetenz bloßlegen. Nur: Wir argumentieren in solchen Fällen nicht richtig. (Eine Ausnahme von dieser Regel erwähnen wir später.) Falls wir wirklich eine Debatte voranbringen wollen, sind wir gut beraten, uns auf die Aussagen zu konzentrieren. Bitte lesen Sie jetzt den folgenden Gesprächsausschnitt und versetzen Sie sich in die Lage der Teilnehmerin A. Anne – so nennen wir sie einfach – plädiert für Geschwindigkeitsbegrenzungen.

> A: „Ich habe zwei wesentliche Argumente dafür, die Tempo-100-Regelung auf Autobahnen einzuführen: Erstens ereignen sich besonders schwere Unfälle bei hohen Geschwindigkeiten. Und zweitens meine ich, dies ist eine kostenlose Maßnahme, um die Umwelt zu entlasten. Wenn wir langsamer fahren, pumpen wir weniger Schadstoffe in die Luft."
>
> B: „Sind Sie denn selbst bereit, die Tempo-Regeln einzuhalten? Da habe ich so meine Zweifel."

C: „Genau, wir kennen uns seit Jahren, und ich weiß, wie gerne Du schnell fährst."

Was geschieht hier? Wenn Anne nicht richtig reagiert, wird sie im weiteren Verlauf ihre Glaubwürdigkeit einbüßen. Aber mit ihren beiden Thesen setzen sich momentan weder B noch C auseinander. Wie würden Sie an Annes Stelle kontern? Die Debatte hätte auch so weiter gehen können:

B: „Die allermeisten Unfälle ereignen sich doch bei niedrigen Geschwindigkeiten, ich glaube besonders häufig in Städten."
A: „Ja, das stimmt. Mit Tempo 100 verringern wir zwar Unfälle, die nicht so oft auftreten, die aber besonders schwer sind. Wir sollten die einen nicht gegen die anderen ausspielen. Vernünftig ist doch, die Unfallzahlen überall zu reduzieren."
C: „Du solltest noch ein wenig genauer erläutern, um welche Sorte von Unfällen es geht und wie häufig sie vorkommen."

Diesmal beschäftigen sich B und C mit Annes These. Nehmen wir einmal an, dass es Anne tatsächlich schwer fällt, Geschwindigkeitsbegrenzungen einzuhalten. Die beiden Argumente, die sie vorgebracht hat, können trotzdem stimmen. *Annes Verhalten im Straßenverkehr sagt uns nichts über die Qualität ihrer Aussagen.*

Die Regel „Orientiere Dich an den Aussagen" soll uns selbstverständlich nicht blind machen für die Absichten der Gesprächspartner und für deren Körpersprache, die wir im 14. Kapitel behandeln. Wir sollten aber in denjenigen Fällen, in denen wir richtig diskutieren wollen, solche personengebundenen Merkmale nicht in unsere Argumente einbeziehen.

Ein etwas anderer Fall liegt vor, wenn ein bestimmtes Verhalten Gegenstand der Diskussion ist. Beispielsweise gerät ein Kassierer in einem Verein in den Verdacht, die Ein- und Ausgaben nicht richtig zu verbuchen. Dies kann der Ausgangspunkt für eine Debatte sein, bei der auch *Aussagen über die Tätigkeit* des Kassierers formuliert werden, Aussagen, die dann wiederum zur Prüfung anstehen.

Wahrscheinlich haben wir alle schon erfahren, wie schnell eine Diskussion am Thema vorbeigehen kann. Die Konzentration auf die Aussagen – so wichtig sie ist – reicht daher nicht aus. Wir brauchen eine zweite Hauptregel, die uns daran erinnert, themen- bzw. problembezogen zu argumentieren. Aber warum passiert dieser Fehler recht häufig? Warum argumentieren wir am Thema vorbei? Meistens hängt es damit zusammen, dass wir das Thema nicht richtig formulieren. Wir haben nur unzureichend gelernt, *gute Fragen* zu stellen, Fragen, die das Thema als ein *Problem* oder ein *Problembündel* verdeutlichen. „Heute geht es um das Thema Sterbehilfe" – so (oder so ähnlich) werden Diskussionen oft eröffnet. Das ist aber kein guter Einstieg, weil das Thema ein Gewirr von Aspekten und Problemen umfasst. Wir können Debatten besser beginnen, wenn wir daran denken, Fragen zu formulieren, etwa so:

„Heute abend wollen wir uns mit zwei Problemen beschäftigen, die momentan viele Menschen bewegen. 1. Ist die Sterbehilfe ethisch überhaupt vertretbar? 2. Wie sollte Sterbehilfe praktisch durchgeführt werden? Wer ist für welche Entscheidungen und Maßnahmen verantwortlich?" Auf Fragen erwarten wir Antworten. Wenn wir zu Beginn, aber auch im Verlauf der Debatte Fragen formulieren, veranlassen wir uns und die anderen, nach Antworten zu suchen. Deshalb lautet die zweite Hauptregel: *Orientiere Dich an den Problemen bzw. den Fragen, die zur Diskussion stehen.*

Zu den wichtigsten Aufgaben einer Diskussionsleiterin (oder eines Diskussionsleiters) gehört, auf die Einhaltung dieser beiden Regeln zu achten. Was Sie in dieser Rolle zum Gelingen einer Diskussion sonst noch beitragen können, erfahren Sie im nächsten Kapitel.

4. Wie wir Diskussionen vorbereiten und leiten können – einige nützliche Tips

Auch wenn wir noch längst nicht alle Bausteine kennen gelernt haben, aus denen die Kunst vernünftiger Argumentation besteht, stellen wir jetzt die Frage: Wie verhalten wir uns professionell in der Rolle eines Diskussionsleiters? Statt „Diskussionsleiter" sagt man heute meistens „Moderatorin" oder „Moderator", was – wörtlich übersetzt – Lenker(in) heißt. Wie Sie diese Aufgabe im einzelnen bewältigen, hängt selbstverständlich auch von den Bedingungen ab, unter denen die Debatte stattfindet. Nehmen wir einmal an, Sie selbst laden die Leute ein, die an Ihrer Veranstaltung teilnehmen sollen. Dann ist es sicher klug, von der im letzten Kapitel erwähnten Möglichkeit Gebrauch zu machen, die Probleme, um die es geht, den (potentiellen) Gästen als Fragen zu formulieren. So gelingt es Ihnen eher, die Teilnehmerinnen und Teilnehmer auf die Diskussion einzustellen. Insbesondere bei einer Diskussion vor einem Publikum sollten Sie Sitzordnung, Begrüßung und Vorstellung neutral, d.h. unabhängig von persönlichen Merkmalen gestalten. So begrüßen Sie beispielsweise nicht zuerst die Frauen, dann die Männer oder erst diejenigen mit, anschließend diejenigen ohne Doktortitel. Freilich gibt es Anlässe, bei denen wir eine bestimmte Person gerne hervorheben – beispielsweise einen Gast aus einem fernen Land. *Erfahrene Moderatoren ziehen es vor, die Teilnehmer einer Podiumsdiskussion, aber auch Referenten selbst vorzustellen* – nicht wenige Leute verbringen nämlich viel Zeit damit, über sich zu reden, besonders über ihre Vorzüge und Verdienste. Nicht nur als Teilnehmer, sondern auch als Leiter einer Debatte sollten Sie die Arten von Aussagen, die Möglichkeiten, rational mit ihnen umzugehen, sowie die Fehler und Störungen kennen, die wir in den folgenden Kapiteln behandeln. Dann sind Sie eher in der Lage, denjenigen zu helfen, deren Argumentationen aus dem Ruder laufen. Weil die Moderation, die Lenkung einer Debatte, von vielen – auch unvorhersehbaren – Faktoren abhängt, gibt es hierfür keine unumstößlichen Regeln, wohl aber ein paar *praxiserprobte Empfehlungen*:

1. *Wenn eine Diskussion gut verläuft, sollten Sie wenig steuern, aber aufmerksam und präsent bleiben.* Die Moderation wird umso notwendiger, je undisziplinierter die Teilnehmer sind und je mehr Fehler sie machen. In der Praxis kommt es oft vor, dass weniger geübte Leiter eine Debatte *übersteuern*.

2. *Sie sollten nach Möglichkeit eine neutrale Position einnehmen, also keine der vorgetragenen Thesen unterstützen.* Zwar fällt es uns manchmal schwer, auf eine Stellungnahme zu verzichten, aber alles in allem gelingt das Moderieren doch leichter, wenn wir nicht mitmischen.

3. *Sie sollten die Redezeit begrenzen, jedoch nicht zu verbissen* – mit der Stoppuhr in der Hand – *darauf achten, dass die Regel ein-*

gehalten wird. Grundsätzlich ist es richtig, alle gleichermaßen zum Zug kommen zu lassen. Das läßt sich aber nicht erzwingen. Manche Teilnehmer beanspruchen auch weniger Redezeit, sagen aber viel.

4. *Sobald sich Dialoge entwickeln, sollten Sie eingreifen.* A trägt ein Argument vor, B widerspricht, woraufhin A sein Argument verteidigt, B widerspricht abermals. Halt! Jetzt ist es genug. Machen Sie aber den Dialogpartnern keine Vorwürfe, sondern sagen Sie beispielsweise: „Hierzu hat Frau Müller eine Idee. Bitte Frau Müller, Sie sind an der Reihe." Hierbei handelt es sich um eine Faustregel, mit der Sie meistens richtig liegen. Manchmal treten Dialoge auf, die so interessant sind, dass alle sie hören wollen – auch die anderen Diskussionsteilnehmer.

5. *Geben Sie problemorientierte Impulse, sobald die Diskussion ins Stocken gerät.* Stellen Sie an alle eine Frage, deren Beantwortung noch aussteht, machen Sie auf Widersprüche zwischen Aussagen aufmerksam oder bringen Sie einen neuen Aspekt ins Spiel.

6. *Widersprüche und Ungereimtheiten sollten Sie auch dann benennen, wenn die Diskussion in vollem Gange ist.* Rechnen Sie nicht damit, dass die Diskutierenden selbst darauf kommen. Vor allem in hitzig ablaufenden Auseinandersetzungen läßt uns die Fähigkeit zum logischen Denken gelegentlich im Stich.

7. *Am Ende der Diskussion, in Ihrem Schlusswort, sagen Sie, was mit der Debatte erreicht worden ist. Anschließend formulieren Sie noch zwei, drei Probleme, offene Fragen, die weiter erörtert werden müssen.* Etliche Moderatoren versuchen, am Ende die gesamte Debatte zusammenzufassen. Damit sind sie zumeist überfordert. Sie vergessen interessante Aspekte, bringen eigene Bewertungen ins Spiel und langweilen ihr Publikum, das die Debatte gerade selbst verfolgt hat. Wenn Sie statt dessen nach der gerade aufgestellten Regel Nr. 7 verfahren, leisten Sie einen Beitrag zur Entwicklung der „Frage-Kultur" (Vollmer 1985/86).

Die Moderation einer Debatte muss eine erkennbare Struktur haben, deshalb gliedern wir sie wie eine Rede, im Falle einer *Podiumsdiskussion* etwa so:

1. Anreden (z.B. „Meine Damen und Herren")
2. Begrüßen
3. Thema nennen, Probleme hervorheben
4. Spielregeln bekannt geben

5. Diskussionsteilnehmer/innen kurz vorstellen
6. Wort erteilen
7. Diskutieren
8. Schlussbemerkungen machen.

Wer nicht in die Lage kommt, eine Diskussion zu moderieren, führt bestimmt Gespräche bei unterschiedlichen Anlässen, und mit Hilfe solcher Anlässe können wir verschiedene Sorten von Gesprächen unterscheiden, zum Beispiel die Alltagskonversation, Beratung, Belehrung, das Beziehungsgespräch, Führungsgespräch, Verkaufsgespräch, Telefongespräch. In all diesen Gesprächen produzieren wir Aussagen – und Aussagen sind diejenigen Gegenstände, über die man in Diskussionen verhandelt. Die Aussagen werden wir uns im folgenden daher genauer anschauen.

5. Aussagen, Hypothesen, Theorien – was wir auf jeden Fall darüber wissen sollten

Beispiele für Aussagen haben wir bereits kennen gelernt – denken Sie nur an die Wegbeschreibung für unseren Touristen. Eine solche Beschreibung sagt etwas über die Wirklichkeit, sie ist *informativ*. Genau dieses Merkmal haben folgende Aussagen gemeinsam:

„Mozart starb 1791 in Wien."

„Grippe wird durch Viren verursacht."

„100 n.Chr. gelang es Dionysos von Alexandria, ein kleines Schnellfeuer-Katapult zu entwickeln, eine Art frühes Maschinengewehr." (James/Thorpe 1998, S. 181)

„Alle Planetenbahnen sind Ellipsen."

„Je höher der Schulabschluss, desto größer die Zahl der Zahnarztbesuche." (Diekmann 1995, S. 112)

„Zur Auffrischung unseres Selbstvertrauens suchen wir Schwierigkeiten, nur um uns dann in ihnen bewähren zu können." (Dörner 1999, S. 395)

„Wenn Lebewesen Zyankali essen, dann sterben sie."

„Es gibt knapp 15000 Arten von Plattwürmern, die im Meer, im Süßwasser und in feuchten Landbiotopen vorkommen." (Campbell 1997, S. 655)

Sätze (Aussagen) dieser Sorte können sich auf ein bestimmtes Ereignis beziehen, auf eine Regelmäßigkeit in der Wirklichkeit und auf Zusammenhänge zwischen Ereignissen und Prozessen (ja sogar auf Zufälle). Aber immer behaupten sie etwas über die Realität – über vergangene, aktuelle und zukünftige Wirklichkeiten. Diese Art von Aussagen nennen wir deshalb *informative Aussagen.* Häufig stellt man Behauptungen auf, die – wie sich früher oder später herausstellt – nicht stimmen. *Informative Aussagen können wahr oder falsch sein.* Wir alle vertreten Aussagen, von denen wir mehr, und Aussagen, von denen wir weniger überzeugt sind. *Der Grad unseres Glaubens an Aussagen steht aber nicht zur Diskussion, sondern die Aussagen selbst.* Gerade Aussagen, an die ein Mensch mit großer Inbrunst glaubt, stellen sich nicht selten als falsch heraus. Eine informative Aussage bleibt eine informative Aussage, auch wenn sie nicht stimmt. „Der Mond besteht aus Käse", ist also eine falsche informative Aussage. Falsche Aussagen bevölkern unsere Diskussionen und auch in der Geschichte der Wissenschaften tauchen sie oft auf. Wenn es gut geht, gelingt es rasch, die falschen Aussagen über die Welt zu identifizieren. *Das Scheitern informativer Aussagen gehört zu den unverzichtbaren Bestandteilen* von *Erkenntnisprozessen.* Es zeigt, dass wir uns oft irren. Die meisten zeitgenössischen Philosophen – und viele praktizierende Wissenschaftler – vertreten aus diesem und anderen Gründen die folgende Auffassung: Alle unsere Behauptungen über Gott und die Welt, also alle informativen Aussagen, sind *Hypothesen.* Allerdings gibt es einfache beschreibende Aussagen, die praktisch sicher sind, an denen kein vernünftiger Mensch zweifelt, wie: „In diesem Zimmer befindet sich kein Rhinozeros" (ein Beispiel von Bertrand Russell). Und dank der wissenschaftlichen Erforschung der Welt können wir davon ausgehen, dass viele Hypothesen niemals wiederkehren. „Die Erde ist eine Scheibe" ist falsch und wird falsch bleiben. Solche Hypothesen spielen in unseren Diskussionen keine Rolle – sofern wir nicht gerade über die Geschichte der Wissenschaft debattieren. In Diskussionen setzen wir uns meistens mit kühneren Aussagen auseinander, mit Aussagen, die umstritten sind. Nun gut, aber was haben wir uns unter einer *Theorie* vorzustellen? „Die Erde ist eine Scheibe" ist doch eine alte ehrwürdige Theorie über den Ort, den wir bewohnen. Tatsächlich verwenden manche Autoren

„Theorie" und „Hypothese" als (nahezu) bedeutungsgleiche Begriffe. So wird beispielsweise behauptet: Auch die großen naturwissenschaftlichen Theorien, wie die von Einstein, sind *Hypothesen* – Hypothesen, die sich bisher bewährt haben, die vielleicht auch wirklich stimmen. Übrigens würde Einstein, wenn er noch lebte, diese Auffassung teilen. Der folgende Differenzierungsvorschlag erscheint mir dennoch sinnvoll: Die Scheibentheorie der Erde umfasst mehr als die eine Aussage, die Erde sei eine Scheibe. Sie ist mit weiteren Aussagen verknüpft, Aussagen, die u.a. die folgenden Fragen beantworten: Wie ist diese Scheibe befestigt? Liegt sie im Wasser? Und worauf ruht dann das Wasser? Wie groß ist die Scheibe? *Eine Theorie besteht folglich aus einem Geflecht informativer Aussagen.* Diese Aussagen stehen in logischen Beziehungen zueinander. So sollten sich die Aussagen, aus denen eine Theorie gebaut ist, nicht widersprechen. *Theorien sind verknüpfte Hypothesen.*

Informative Aussagen unterscheiden sich in der Fülle dessen, was sie über die Welt behaupten. Die einen sagen mehr aus, die anderen weniger, manche (fast) gar nichts. Aber was kennzeichnet Aussagen, die einen hohen Gehalt an Informationen haben? Betrachten wir hierzu ein Beispiel:

„Wenn der Hahn kräht auf dem Mist, ändert sich das Wetter, oder es bleibt, wie es ist."

Offensichtlich können wir mit dieser Behauptung nichts anfangen. Sie sagt fast nichts aus, weil sie zu viel offen lässt. Aber Aussagen lassen sich verbessern – versuchen wir es:

„Wenn der Hahn kräht auf dem Mist, verändert sich das Wetter innerhalb der nächsten 3 Tage".

Schon besser! Jetzt wird ein Zusammenhang zwischen zwei Ereignissen behauptet, und Sie und ich könnten herauszufinden versuchen, ob dieser Zusammenhang tatsächlich existiert – ob die Aussage stimmt. So richtig zufrieden sind wir aber noch nicht. Hähne krähen oft, ab wann sollen wir die Tage zählen? Machen wir einen weiteren Versuch:

„Wenn der Hahn öfter als 10mal an einem Tag kräht, dann verändert sich das Wetter innerhalb der nächsten 3 Tage".

Diese Aussage ist besser; sie läßt sich richtig prüfen. Bitte beachten Sie, dass wir über den Gehalt einer Hypothese diskutieren können, ohne danach zu fragen, ob sie auch stimmt. Dieses kleine

Beispiel zeigt uns u. a. folgendes: „Wenn der Hahn kräht auf dem Mist, dann ändert sich das Wetter, oder es bleibt, wie es ist" ist eine wahre Behauptung, eine Aussage, die stimmt, eine sichere Sache. Aber die Sicherheit hat einen zu hohen Preis. Sichere Aussagen zu finden – das allein reicht nicht aus. Was wir brauchen sind *gehaltvolle Hypothesen*, die nicht alles offen lassen, die vielmehr etwas über die Wirklichkeit behaupten, die interessante Fragen beantworten. Solche Aussagen sind Gegenstände einer Diskussion.

Wir klassifizieren Aussagen

Mit den informativen Aussagen haben wir bereits eine der Sorten kennen gelernt, die wir beim Diskutieren auf eine besondere Weise behandeln müssen. Nun ist es durchaus möglich, auch noch innerhalb dieser Gruppe informativer Aussagen weitere Unterscheidungen vorzunehmen. Zum Beispiel gibt es Sätze, die ein einzelnes Ereignis beschreiben, und andere, die mit dem Wort „alle" beginnen, wie z.B.: „Alle Menschen sind sterblich." Um diese Differenzierungen müssen wir uns hier aber nicht weiter kümmern. Was wir brauchen, ist eine *überschaubare* Aussagenklassifikation, die Ihnen beim Diskutieren wirklich weiterhilft. Eine wichtige Sorte von Aussagen, die man vielleicht zu den informativen zählen könnte, nehmen wir so jetzt etwas genauer unter die Lupe: die *technologischen Aussagen*, Aussagen über Mittel. Diese werden in der Fachliteratur von einigen Autoren als „instrumentelle Äußerungen" bezeichnet, andere nennen sie „technologische Hypothesen", und wir finden ohne Mühe noch ein paar weitere Begriffe. Natürlich kommt es nicht darauf an, sich all diese Begriffe zu merken. Entscheidend ist vielmehr, die diversen Aussagen-Arten zu unterscheiden, also richtig einordnen zu können. Technologische Aussagen dienen dazu, Vorschläge zu unterbreiten, wie ein bestimmtes Ziel erreicht werden kann. Beispielsweise raten wir einer Freundin, die an Magenschleimhautentzündung leidet, morgens Kamillentee zu trinken und Entspannungsübungen zu machen. Einer solchen Aussage liegen Hypothesen zugrunde – in diesem Fall vermuten wir einen Zusammenhang zwischen Stress und der Erkrankung; darüber hinaus erwarten wir, dass bestimmte Übungen den Stress abbauen helfen. Des weiteren nehmen wir an, der Verlauf der Erkrankung ließe sich durch die Wirkstoffe im Kamillentee beeinflussen. Solche *Annahmen, die hinter unseren technologischen Aussagen stehen*, werden beim Diskutieren oft als bekannt vorausgesetzt. Die Frage, welche Mittel geeignet sind, um ein angestrebtes Ziel zu erreichen, beschäftigt uns in Diskussionen – und beim Nachdenken – sehr häufig. Nicht immer ist den Beteiligten das Ziel wirklich klar, noch wissen sie, dass Aussagen über Mittel aus Theorien entwickelt werden – und zwar im Hinblick auf Ziele. Das kann Diskussionen erheblich beeinträchtigen.

Während uns bei den informativen Aussagen interessiert, ob diese stimmen, ob sie der Realität entsprechen, beschäftigt uns im Falle der technologischen Aussagen die folgende Frage: *Erreichen wir mit den vorgeschlagenen Mitteln tatsächlich das gewünschte Ziel.* Sind sie *wirksam* (Habermas 1981)? Und wie hoch ist der Preis, welche *Nebenwirkungen* könnten auftreten, wenn wir die vorgeschlagenen Maßnahmen durchführen? Kurz gesagt: Sind die Mittel *geeignet*?

Die *normativen Aussagen* bilden eine weitere Gruppe, die wir deutlich von den anderen abgrenzen müssen. Während wir mit Hilfe der informativen Aussagen Vermutungen darüber formulieren, wie die Welt tatsächlich *ist und warum sie so ist,* benutzen wir die normativen, wenn es um die Frage geht, *wie die Welt sein sollte.* Der Unterschied zwischen den beiden Arten von Aussagen ist beträchtlich. Informative Aussagen können zutreffen, wahr sein. Die Testfrage lautet beispielsweise: Stimmt diese Aussage (Theorie, Hypothese)? Oder: Ist die Wirklichkeit tatsächlich so, wie die Theorie behauptet? Dagegen fragen wir im Falle der normativen Aussagen etwa so: Sollen wir uns das wünschen? Ist das Ziel moralisch vertretbar? Betrachten wir mithin ein paar Beispiele:

„Abtreibung ist verwerflich."

„Du solltest Deine Magenschleimhautentzündung behandeln."

„Du sollst nicht töten."

„Das Bildungsgefälle zwischen ländlichen und städtischen Regionen sollte verringert werden."

Bei normativen Aussagen macht es keinen Sinn zu fragen, ob sie wahr sind, ob sie die Welt zutreffend beschreiben. Das tun sie ja gerade nicht. Die Welt ist nicht so, wie sie den normativen Aussagen zufolge sein sollte. *Normative Aussagen sind daher weder wahr noch falsch.* Aber sie enthalten informative Komponenten, die herausgelöst werden können. „Das Bildungsgefälle zwischen ländlichen und städtischen Regionen sollte verringert werden" ist als ganzes betrachtet eine normative Aussage. Sie enthält jedoch die informative Aussage: „Es besteht ein Bildungsgefälle zwischen ländlichen und städtischen Regionen." Diese These kann zutreffen oder nicht zutreffen. Und die Kritik an ihr betrifft, wenn sie stichhaltig ist, durchaus auch die normative Aussage. Nehmen Sie nur einmal an, dass das Gefälle inzwischen gar nicht mehr existiert. Dann brauchten wir nicht mehr darüber zu debattieren, ob wir das Ziel akzeptieren, einschränken oder zurückweisen sollen und was alles passieren könnte, wenn wir das Ziel zu erreichen versuchen. Wie wir normative Aussagen auf eine vernünftige Weise behandeln, erfahren Sie im 8. Kapitel.

Es ist ohne weiteres möglich, die Gruppe der normativen Aussagen weiter zu unterteilen. Die soeben besprochene Aussage ist eine *Zielangabe.* Hier noch zwei weitere Beispiele:

„Die Algen in meinem Gartenteich sollen verschwinden."

„Unser Ziel muss sein, das Betriebsklima zu verbessern."

Die Mittel, die vorgeschlagen werden, um solche Ziele zu erreichen, schätzen wir oft auch um ihrer selbst willen (Keuth 1989) – wir betrachten sie dann als *Zwischenziele.* Deshalb passiert es hin und wieder, dass die Unterscheidung zwischen normativen und Mittel-Aussagen unklar bleibt – dies allerdings nur, wenn wir nicht auf den Rede- oder Diskussionszusammenhang achten, die Aussage also isoliert betrachten.

„Ja, es ist wirklich ratsam, das Betriebsklima zu verbessern, viele Kolleginnen und Kollegen fühlen sich nicht so recht wohl. Ich habe schon eine Idee, wie wir dem Ziel näher kommen können. Viel geklagt wird doch über die Rauchbelästigung. Lasst uns also Nichtraucher-Zonen schaffen, und versuchen wir außerdem, die Raucher davon zu überzeugen, auf den Fluren nicht mehr zu qualmen."

Die hier vorgeschlagene Maßnahme, Nichtraucher-Zonen einzurichten, ist ein wünschenswerter, noch nicht verwirklichter Zustand: ein Teilziel oder ein Zwischenziel.

Unter den normativen Aussagen finden wir des weiteren die sogenannten *Werturteile,* wertende Stellungnahmen (Max Weber) gegenüber der Realität. Manche Ereignisse und Prozesse halten wir für gut, wertvoll, andere dagegen für schlecht, wertlos. Den meisten stehen wir indifferent gegenüber, nicht zuletzt deshalb, weil wir sehr viele Abläufe ja gar nicht bemerken. Zu den Prozessen, die wir häufig bewerten, gehören Handlungen – und deren Konsequenzen. Es gibt Handlungen, die wir verwerflich finden, solche, die wir positiv bewerten, und andere, die uns sogar moralisch geboten erscheinen. *Handlungsanweisungen* sind eine weitere wichtige Teilgruppe der normativen Aussagen. Sie beschreiben, wie sich Menschen verhalten *sollen*. „Du sollst nicht töten" ist hierfür ein Beispiel. Also auch diese Vorschriften, die *Normen*, sagen nicht, wie die Welt ist, sondern wie die Welt bzw. ein Teil dieser Welt, nämlich unser Verhalten, sein sollte. Derartige normative Sätze hängen mit *Werten* zusammen. „Sag immer die Wahrheit!" Weil uns etwas wertvoll erscheint – wie z.B. die Wahrheit – ist es (moralisch) geboten, so zu handeln, dass dieser Wert zum Zuge kommt. Jeder Mensch verfügt über eine Werte-Hierarchie. Einige Werte sind wichtiger als andere. In Debatten über Sterbehilfe, Gentechnik und Abtreibung zum Beispiel können wir oft die These hören, es gebe unhintergehbare, absolute Werte, Werte, die immer und überall gelten.

Wenn Sie diese drei Arten von Aussagen-Typen, die informativen, die normativen und die technologischen bewusst unterscheiden lernen, *haben Sie einen wichtigen Schritt getan*. Unsere praktische Einteilung hilft Ihnen beim Diskutieren und beim Moderieren. Dabei ist die Klassifikation keineswegs vollständig. Der Philosoph Jürgen Habermas hat eine Tabelle mit „Argumentationstypen" angefertigt (in der auch unsere drei Aussagen-Arten auftauchen), die „expressive Äußerungen" enthält (Habermas 1981). Wer sich expressiv äußert, macht Aussagen über seine inneren Zustände und Absichten: „Ich komme mir ganz klein vor." „Mich ärgert, wie Du darüber redest."

Bitte richten Sie Ihre Aufmerksamkeit auf die folgende Aussage: „Die Aussage ‚Wir sollten eine gerechtere Welt schaffen' muß konkretisiert werden". Hierbei handelt es sich um eine *Aussage über eine Aussage*: eine *Meta-Aussage*. Solche Aussagen sind für eine Diskussion unentbehrlich. Wir benutzen sie, um Aussagen zu prüfen, zu verändern und zurückzuweisen. Meist verwenden wir sie ganz selbstverständlich, ohne den Meta-Status zu bemerken.

Entsprechend unserer Klassifikation können wir auch die Meta-Aussagen einordnen, so dass sich die folgende Tabelle ergibt (Alt 1994, S. 39).

Tabelle 1: Aussagen

Typen von Aussagen		Testfragen/Gültigkeit
Aussagen	Meta-Aussagen	
informative	Aussagen über informative Aussagen	Stimmt das? (Wahrheit)
technologische	Aussagen über technologische Aussagen	Funktioniert das? (Geeignetheit)
normative	Aussagen über normative Aussagen	Soll das so sein? Ist das gut so? (Erwünschtheit)

Für Ihre Praxis ist insbesondere wichtig, die in der linken Spalte eingezeichneten Aussage-Typen zu kennen sowie die dazugehörigen Testfragen in der rechten.

Wir gliedern eine Rede

Die folgende Klassifikation können Sie verwenden, um einige Ihrer Redebeiträge zu strukturieren:
1. Ist-Zustand/Entwicklung
2. Hypothesen über die Ursachen
3. Zielangabe
4. Mittel
5. Schluss

Wenn Sie diese Gliederung Ihrem Redebeitrag zugrunde legen, berichten Sie zunächst über einen (unerwünschten) Zustand oder eine Entwicklung. Danach formulieren Sie Hypothesen, die auf die Frage antworten, *warum* die Situation so ist. Anschließend nennen Sie ein Ziel, sie sagen also, wie Sie sich die Wirklichkeit wünschen, wie sie sein sollte. Und schließlich stellen Sie noch Mittel vor, mit deren Hilfe Sie das Ziel erreichen wollen. Nennen wir gleich ein Beispiel:

„Liebe Kolleginnen, liebe Kollegen,

(1) ich meine, dass unser Betriebsklima in der letzten Zeit schlechter geworden ist. Es gibt öfter Streit zwischen den beiden Abteilungen, und häufiger als früher werden unsere Abteilungsleiter herangezogen, um zu schlichten. Woran mag das liegen?

(2) Zwei Ursachen kommen dafür wohl in Frage. Erstens: Wir haben eine neue Kollegin im Team, von ihr hängt der Informationsfluss zwischen den Abteilungen ganz entscheidend ab. Weil zum Zeitpunkt Ihrer Einstellung, Frau Meier, zwei Leute erkrankt waren, konnten wir uns nicht in ausreichendem Maße um Ihre Einarbeitung kümmern. Das rächt sich jetzt. Zweitens: Wir geben uns momentan zu wenig Mühe, der neuen Kollegin zu helfen. Insbesondere setzen wir zuviel als bekannt oder als selbstverständlich voraus.

(3) Wir sollten uns vornehmen, das gute Betriebsklima, das wir vor ein paar Monaten noch hatten, wiederherzustellen. Wie erreichen wir das?

(4) Zwei Maßnahmen können wir sofort umsetzen. 30 Minuten täglich verwenden wir in der nächsten Woche für Arbeitsgespräche, um Sie besser einzuarbeiten. Und außerdem nehmen wir uns vor, Informationen rasch weiterzugeben und uns mehr Zeit zu nehmen, Frau Meiers Fragen zu beantworten.

(5) Ich denke, Sie haben auch noch ein paar Vorschläge."

Auch dieses einfache Beispiel zeigt, dass die unter (2) vorgetragenen Thesen in einer Beziehung zu den technologischen Aussagen stehen. Den Schluss dieses kleinen Redebeitrags hätten wir noch etwas nachdrücklicher gestalten können, zum Beispiel so: „Liebe Kolleginnen, liebe Kollegen, jetzt bitte ich Sie: Diskutieren Sie über meine Anregungen und machen Sie weitere Vorschläge!"

6. Begriffe, Definitionen, Klassifikationen – wie wir richtig damit umgehen

Sie erinnern sich an die erste unserer beiden Grundregeln aus dem 3. Kapitel: Orientiere Dich an den Aussagen! Doch was ist mit den Begriffen? Gar nicht so selten hören wir die Meinung, dass es beim Diskutieren vor allem auf die richtigen Begriffe ankommt. Und Begriffe – jedenfalls die wichtigen – müssen erst einmal definiert werden; dann kann die Diskussion beginnen. Denn wenn wir uns nicht über die zentralen Begriffe verständigen, so eine These, fällt es schwer, die jeweils anderen überhaupt zu verstehen. Zuweilen wird auch behauptet, eine wissenschaftliche Theorie beruhe auf exakt definierten Begriffen. Deren Bedeutung zu kennen sei die Voraussetzung, um die Theorie zu begreifen. Überlegen wir, was von solchen Ansichten zu halten ist. Dazu führen wir zunächst ein kleines Experiment durch. Lesen Sie bitte den folgenden Satz und überlegen Sie ganz kurz, was dieser über die Wirklichkeit aussagt: „Wenn der Sommer verregnet ist, produzieren die Bienen weniger Honig". Ich behaupte nun, dass Sie diesen Satz verstanden haben. Ihnen ist der *Sinn der Aussage* hinreichend klar. Offensichtlich handelt es sich um eine informative Aussage, die einen Zusammenhang herstellt zwischen der Regenmenge im Sommer und der Honigmenge, die die Bienen erzeugen. Sicher, die Aussage ließe sich präziser fassen. So könnte man die Niederschlagsmenge genauer angeben. Wann ist ein Sommer verregnet? Trotzdem: Wir verstehen die Aussage. Bitte versuchen Sie jetzt, den Begriff „Honig" zu definieren! Vermutlich denken Sie einen Augenblick nach, dann fällt Ihnen eine Definition ein. „Honig ist ein Stoffwechselprodukt der Bienen, das der Ernährung der Brut dient". Vielleicht machen Sie sich sogar die Mühe, in einem Lexikon nachzuschlagen, zum Beispiel im 8. Band des dtv-Lexikons (1995). Dort steht geschrieben: „gelblich süßer Stoff, von Bienen aus zuckerhaltigem Blütensaft (Nektar) gesammelt, in ihrem Honigmagen durch Enzyme umgewandelt ..." (S. 173). Gefragt nach der richtigen Definition von „Honig", könnte ein Mensch, der gerne Honig isst, auch so antworten: „Honig, nennen wir einen Brotaufstrich, der üblicherweise in 500 g-Gläsern verkauft wird". Bemerkenswert an der ganzen Sache ist, dass wir uns nicht auf einen dieser Begriffe einigen müssen, um die Aussage zu verstehen und zu diskutieren.

Sobald wir eine Definition vorschlagen – z.B. die aus dem dtv-Lexikon – *verwenden wir zwangsläufig weitere Begriffe, Begriffe, die undefiniert bleiben*. Folglich ist es leicht möglich, erneut nach einer Definition zu fragen. „Was genau ist mit ‚zuckerhaltig' gemeint?" „Definieren Sie doch bitte ‚Enzym'!" Jede erdenkliche Antwort auf diese Fragen enthält ebenfalls undefinierte Begriffe. *Definitionen gelangen daher nie an ein Ende.* Darüber hinaus sollten wir erkennen, *dass Begriffe einem ständigen Wandel unterliegen.* Niemand verfügt über ein für alle mal feststehende Begriffe. Das zeigt der Psychologe Dietrich Dörner anhand einfacher Beispiele (Dörner 1999). Bleiben wir bei unserem Honig. Wer einmal in Griechenland, sagen wir auf Chalkidiki, Honig gegessen hat, gewinnt einen anderen Begriff von Honig als derjenige, der stets deutschen Blütenhonig verzehrt. Ein Imker, der mit Honig Geld verdient, verfügt wiederum über einen anderen Honig-Begriff. Überdies haben Begriffe einen Nebensinn (Konnotation), der ebenfalls *erfahrungsabhängig* ist und sich mit jeder Erfahrung verändern kann. Mein Begriff von Honig wandelt sich, sobald ich in Griechenland, Meerblick genießend, ein Brot mit Honig esse. Begriffe werden nämlich durch solche Erlebnisse in Kontexte eingebettet. So kommt es, dass jeder von uns seinen eigenen Begriff von Honig hat. Begriffe sind – im Gegensatz zu informativen Aussagen – weder wahr noch falsch. Für die Praxis vernünftiger Argumentation folgt aus alledem dreierlei:

1. Wenn wir einmal einen Begriff definieren, müssen wir schon nach ein, zwei Schritten anhalten, um nicht ins Uferlose zu geraten (Popper [7]1992).

2. Auch beim Definieren empfiehlt es sich, mehr auf den Sinn der Aussage und weniger auf die Bedeutung der Begriffe zu achten.

3. Diskussionen über Begriffe sollten wir nach Möglichkeit vermeiden.

Diese drei Regeln kollidieren mit der noch immer verbreiteten Neigung, *Begriffe zu wichtig zu nehmen*. Deshalb sollten wir uns hier mit ein paar möglichen Einwänden gegen die Regeln auseinandersetzen:

Arndt: „Ja, mir leuchtet schon ein, dass die Bedeutungen der Begriffe im Fluss sind; aber gilt dasselbe nicht auch für Aussagen, die doch aus Begriffen zusammengesetzt sind?"

Jürgen: „Das gilt auch für Aussagen, aber nicht in gleichem Maße. Der *Sinn von Aussagen* ist mehr festgelegt als die *Bedeutung der Begriffe*. Denn eine informative Aussage beschreibt und erklärt Sachverhalte in der Wirklichkeit. Der Satz als Ganzes schränkt den Spielraum der Begriffe ein, wohingegen ein einzelner, allein dastehender Begriff keinen Halt hat, nicht in einer Aussage eingeschlossen ist."

Arndt: „Das überzeugt mich noch nicht. Begriffe beschreiben und ordnen doch ebenfalls die Wirklichkeit. Nimm nur eine Klassifikation! Die Biologen beispielsweise klassifizieren Lebewesen; sie unterscheiden – mit Hilfe von Begriffen – Amphibien von Säugetieren und diese wiederum von Vögeln."

Jürgen: „Nun, Klassifikationen braucht man, wenn Vielfalt im Spiel ist; wir gruppieren damit Objekte der Wirklichkeit. *Allerdings klassifizieren wir theorieabhängig*. Der Naturforscher Linné (1707–1778), der die moderne Evolutionstheorie nicht kannte, klassifizierte anders als beispielsweise Darwin. Den Klassifikationen liegen informative Aussagen – Theorien – zugrunde. Wenn wir die Klassifikation richtig verstehen und diskutieren wollen, müssen wir uns mit den Theorien auseinandersetzen."

Arndt: „Ich meine, einmal gelernt zu haben, dass die Wörter die grundlegenden Elemente der Sprache sind.

Jürgen: Vielleicht stimmt die These nicht. Der Sprache liegt ein System von Regeln zugrunde, mit dem wir (unbewusst) größere Einheiten bilden, nämlich Sätze. Und diese Einheiten, so formuliert es der Sprachwissenschaftler Stephen Pinker, besitzen Eigenschaften, die von denen ihrer Elemente gänzlich abweichen (Pinker 1996). Nicht die einzelnen Wörter, sondern die Sätze sind die Grundelemente der menschlichen Sprache."

„Was-ist?"-Fragen können uns leicht in die Irre führen. „Was ist Leben?" „Was ist Biologie?" „Was ist eine Mutation?" „Was ist Gerechtigkeit?" Auf den ersten Blick mag es so aussehen, als müssten wir auf solche Fragen mit einer Begriffserläuterung antworten. Doch wir sollten zunächst einmal bedenken, dass Ausdrücke wie „Leben" oder „Mutation" ihre Bedeutung im Kontext einer Theorie erhalten. Diese Theorien verändern sich im Lauf der Zeit und *mit ihnen* unsere Vorstellungen über das Leben und über Mutationen. Statt also über die Bedeutung des Begriffs „Leben" nachzudenken oder zu diskutieren, sollten wir uns lieber mit der Frage auseinandersetzen, was die (oder eine) Theorie über das Leben behauptet (Musgrave 1979). *Gute Lehrbücher berücksichtigen diese Regel. Sie beginnen nicht mit Begriffserläuterungen.* Betrachten wir ein Beispiel. Neil A. Campbell hat eine ausgezeichnete Einführung in die Biologie geschrieben, die vor allem in Amerika als Standardwerk gilt. Lesen Sie einmal die ersten Sätze dieser Arbeit:

> „Die Biologie, die Erforschung des Lebens, ist im menschlichen Geist verwurzelt. Menschen halten sich Tiere, pflegen Zimmerpflanzen, laden sich mit Hilfe von Vogelhäuschen im Garten gefiederte Gäste ein und besuchen Zoos und Naturparks. Dieses Verhalten drückt aus, was der Soziobiologe E. O. Wilsonals als Biophilie bezeichnet: eine angeborene Zuneigung zum Leben in seinen vielfältigen Formen. Die Biologie ist der wissenschaftliche Zweig dieser menschlichen Neigung, sich mit anderen Lebensformen verbunden zu fühlen und Neugier für sie zu entwickeln. Sie ist eine Wissenschaft für Abenteurer und Detektive, die uns tatsächlich oder imaginär in Urwälder, Wüsten, Meere und andere Lebensräume führt, wo zahlreiche Lebensformen mit ihren jeweiligen physikalischen und chemischen Umwelten zu komplexen Netzwerken verwoben sind, die man als Ökosysteme bezeichnet. Viel von der Erforschung des Lebens findet in Laboratorien statt, wo man untersucht, wie Organismen aufgebaut sind und wie sie funktionieren" (Campbell 1997, S. 1).

Sicher ist Ihnen aufgefallen, dass der Autor eher beiläufig einen Hinweis auf den in der Biologie üblichen Sprachgebrauch gibt („… die man als Ökosysteme bezeichnet").

Arndt: „Halt, ich habe noch einen Einwand! Deine Beispiele von eben, Honig und Biologie, mögen ja plausibel sein. Aber warum? Doch wohl deshalb, weil jeder weiß – aus Erfahrung weiß –, was Honig ist und wenigstens ungefähr weiß, was Biologie ist. Aber schwierige Begriffe, wie „Enzym", „soziales System" oder „Elektron" müssen mit Hilfe von Definitionen in ihrer Bedeutung *festgelegt* werden.

Jürgen: „Ich behaupte ja gar nicht, dass wir ganz auf Definitionen verzichten sollten. Versteht jemand einen Begriff nicht, müssen wir diesen kurz erläutern – manchmal auch mittels einer Definition."

Arndt: „Moment mal, widersprichst Du Dir jetzt nicht selbst? Eben noch hattest Du vorgeschlagen …"

Jürgen: „Diesen Vorschlag halte ich aufrecht. Wir können das eine tun – uns an Aussagen orientieren –, ohne das andere – das Definieren von Begriffen – *ganz* zu lassen. Beim Definieren ersetzen wir einen umständlichen, längeren Ausdruck durch einen kürzeren; es handelt sich um einen Tausch (Naess 1975). ‚Honig' ist der Begriff für ein Nahrungsmittel, das von …"

Arndt: „Nicht schon wieder Honig, nimm als Beispiel einen schwierigeren Begriff!

Jürgen: „Also gut, wir definieren hin und wieder Begriffe, vermeiden aber Diskussionen über Begriffe und orientieren uns an Aussagen bzw. an Theorien."

Arndt: „Auch bei einem Begriff wie ‚Elektron'?"

Jürgen: Ja, denn Elektronen nehmen wir nicht wahr, unsere Erfahrung ist ihnen gegenüber blind. Wir lernen sie kennen, wenn wir uns mit Theorien beschäftigen. (Jürgen nimmt ein Buch aus dem Regal, blättert darin und liest vor.) ‚Wir sollten die Frage: Was bedeuten Ausdrücke wie ‚Elektron'? aufgeben zugunsten der Frage: Was behaupten Theorien – wie die über Elektronen – über die Welt?' (Musgrave 1979, S. 51)".

Wir können uns darin üben, mehr auf Probleme und Aussagen und weniger auf die Bedeutung der Begriffe zu achten – beim Schreiben und Diskutieren, beim Zuhören, aber auch beim Lesen. Vergleichen Sie einmal die beiden folgenden, jeweils einführenden Bemerkungen zur Evolutionstheorie. Eine Lehrerin beginnt so:

„Heute beschäftigen wir uns mit der modernen Evolutionstheorie. Diese Theorie verdanken wir vor allem dem Naturforscher Darwin, dessen Buch „Vom Ursprung der Arten" 1859
veröffentlicht wurde. Eine zentrale Rolle in dieser Lehre spielen die Begriffe ‚Mutation', ‚Selektion' und ‚Variation'. Zeitge-
nössische Forscher verwenden die Ausdrücke natürlich in einer
etwas anderen Bedeutung, als Darwin sie benutzt hat. Beginnen
wir mit ‚Selektion', ein Wort, das aus dem Lateinischen kommt.
Es bedeutet soviel wie ‚Auslese' ..."

Eine andere Lehrerin macht es besser, weil sie die Probleme an-
deutet, auf die die Evolutionstheorie antwortet:

„Wir alle haben uns an die Vorstellung gewöhnt, dass die Lebewesen einem Wandel unterliegen und dass komplexe Lebewesen aus einfacheren hervorgegangen sind. Aber warum verändern sich die Lebewesen überhaupt? Was sind die Ursachen
des Wandels? Wie entstehen neue Arten und warum gibt es eine
so erstaunliche Vielfalt von Leben? Diese – und andere – Fragen können wir mit Hilfe der Evolutionstheorie beantworten,
die auf den berühmten Naturforscher Darwin zurückgeht ..."

Wie aber gehen wir mit Begriffen um, die für Werte stehen, die
einen normativen Charakter haben? In Diskussionen tauchen des
öfteren Fragen wie diese auf: „Was meinen Sie mit Wahrheit?"
„Was verstehen Sie unter Gerechtigkeit?" Auch hier gilt, was für
alle übrigen Begriffe gilt: Es existieren unzählige Begriffe, etwa
Gerechtigkeits-Begriffe. *Den einen wahren Begriff gibt es nicht.*
Die Frage nach der Bedeutung von „Gerechtigkeit" zum Beispiel
beantworten Sie am besten, indem Sie *Zustände schildern, die Ihnen gerecht erscheinen.* Fordern Sie die Diskussionspartner auf,
Ihre Vorschläge zu kommentieren und nicht den vermeintlich
richtigen Begriff zu suchen. Menschen verfolgen konkurrierende
Ziele, sie haben unterschiedliche Vorstellungen darüber, wie es auf
der Welt zugehen soll. In Diskussionen sollten wir solche Vorstellungen in Aussagen verpacken und darüber streiten – wie das genau geht, besprechen wir bald.

7. „Können Sie das auch beweisen?"

„Können Sie das auch beweisen?" Immer wieder taucht diese Frage in Diskussionen auf. Sie bringt so manchen Argumentierenden in arge Bedrängnis. Was soll er antworten? Vielleicht folgendes? „Die Wissenschaft hat experimentell bewiesen, dass..." Oder: „Der Beweis ist doch längst erbracht worden. Lesen Sie einmal nach in..." Manche Diskussionspartner spielen den Ball zurück, etwa so: „Beweisen Sie erst das Gegenteil."

Etwas beweisen zu können, ist ein hoher Anspruch, ein allzu hoher, wie viele Experten auf diesem Gebiet meinen. Ein Beweis scheint unumstößlich zu sein; er bietet uns Sicherheit. Deshalb ist es durchaus vernünftig, danach zu fragen, ob – und wie – Beweise (oder sichere Begründungen) zu erlangen sind. Bei demjenigen, was bewiesen werden soll, handelt es sich um Aussagen. Aussagen lassen sich aus anderen Aussagen ableiten. So folgt aus der Behauptung „Alle Planetenbahnen sind Ellipsen" die weniger allgemeine Aussage: „Die Planetenbahnen von Mars, Venus und Erde sind Ellipsen" – sofern Mars, Venus und Erde auch tatsächlich Planeten sind. Aber wirklich wahr, bewiesen ist diese Aussage nur dann, wenn die allgemeine Aussage, von der wir ausgegangen sind, tatsächlich zutrifft. Um das aber zu zeigen, brauchen wir wiederum Aussagen, Aussagen, die dem Beweis der allgemeinen Aussage dienen. Eine nahe liegende Möglichkeit besteht darin, Planetenbahnen zu beobachten, um herauszufinden, ob sie wirklich alle elliptisch sind. Es hat den Anschein, als ob wir damit den Bereich der Aussagen verlassen und uns *auf etwas Außersprachliches stützen*, nämlich auf Beobachtungen. So verfahren wir ja häufig, wenn wir alltägliche Probleme zu lösen versuchen, wenn wir beispielsweise feststellen, dass der Gartenteich voller Algen ist. Diese Algen, so denken wir vernünftigerweise, fallen nicht einfach vom Himmel. Nein, es müssen irgendwelche Faktoren im Spiel sein, die das Wachstum der Algen fördern. Rasch haben wir eine weitere Vermutung parat: Das Wasser enthält viele Nährstoffe, die wahrscheinlich von den Blättern herrühren, die im Herbst ins Wasser fallen. Und das, was wir vermuten, versuchen wir in Erfahrung zu bringen. Dabei reicht es aber nicht, einfach die Augen offen zu halten. Wir verwenden ein Verfahren, wir testen vielleicht, ob das Wasser Phosphate enthält. Das einfache Beispiel zeigt schon: *Was wir erfahren oder beobachten wollen, wird in erheblichem Maße von unseren Annahmen über die Wirklichkeit beeinflusst.* Wir nähern uns dem Algen-Problem mit einem Bündel von Hypothesen. Aber auch der Test, den wir im Baumarkt gekauft haben, hängt von einer Vielzahl theoretischer Voraussetzungen ab, viele bewährte Hypothesen sind in ihn eingegangen. Wenn wir nachsehen, gründlich beobachten, ausgeklügelte Experimente durchführen, gelingt es uns demnach gar nicht, die Welt unserer Hypothesen und Theorien zu verlassen. Zwar haben wir sie nicht oder nur teilweise in Aussagen verpackt, aber wir lassen uns von ihnen leiten.

Hinter diesen Anmerkungen verbirgt sich ein altehrwürdiges philosophisches Problem, nämlich die Frage: Gibt es ein Fundament der Erkenntnis, auf dem wir unsere Theorien sicher errichten können? Im Laufe von Jahrhunderten wurden zahlreiche Anstrengungen unternommen, eine *positive* Antwort auf diese Frage zu finden. Doch jeder Vorschlag rief früher oder später Kritiker auf den Plan, die gute Gegenargumente vorbrachten. Die Suche nach einer Basis zweifelsfreier Erkenntnis hängt nicht nur mit dem menschlichen Streben nach Sicherheit zusammen. Zumindest seit dem Aufschwung der Wissenschaften in der Neuzeit spielt auch die Erfahrung eine Rolle, dass es besonders erfolgreiche Theorien gibt, die die Zeiten überdauert haben. Das herausragende Beispiel hierfür sind die Theorien Isaac Newtons (1642–1727) über die Gravitation, die Trägheit und die Kraft. Sie bilden die Grundlagen der klassischen Physik, die lange Zeit unumstößlich erschienen. Ein derart erfolgreiches Theorienbündel, so der nahe liegende Gedanke, muss doch auf einer sicheren Basis stehen, auf wirklichen, zweifelsfreien Beweisen beruhen oder auf einer raffinierten Methode, die mit Gewissheit zur Wahrheit führt. Doch selbst das gewaltige Theoriengebäude Newtons begann in unserem Jahrhundert (aufgrund der Relativitätstheorie und der Quantenphysik) etwas zu schwanken, ein Vorgang, der so manchen Zeitgenossen tief beeindruckte, ja erschütterte. Der hypothetische Charakter der Theorien Newtons – und aller anderen Theorien –

wird heutzutage von den meisten Philosophen und Wissenschaftlern mehr oder weniger anerkannt. Doch die Wissenschaften machen Fortschritte, ohne über sichere Grundlagen zu verfügen. Was die Wissenschaft vorantreibt, sind unerwartete Probleme, neue Ideen, ausgeklügelte Experimente, beharrliche Kleinarbeit und kühne theoretische Entwürfe – und nicht zuletzt kritische Diskussionen. *Im Alltag wie in der Wissenschaft verlaufen unsere Diskussionen ohne feste Grundlagen.* Verschiedene Wissenschaftstheoretiker schlagen daher vor, die Suche nach Begründungen ganz – oder fast vollständig – aufzugeben und statt dessen die kritische Prüfung von Aussagen in den Vordergrund zu rücken. Das heißt jedoch nicht, dass es fortan unvernünftig wäre, Argumente *für* eine Theorie (oder ein Werturteil oder eine technologische Aussage) vorzubringen. Eine solche Position ist schon deshalb übertrieben, weil wir kritische Argumente erst dann voll zur Geltung bringen können, wenn wir genau wissen, wogegen wir die Argumente richten, *wenn wir auch die Stärken der zur Diskussion stehenden Aussagen begreifen.* Und für eine These spricht, dass sie bisher den kritischen Einwänden standgehalten hat. Doch welche Möglichkeiten stehen uns zur Verfügung, um Aussagen zu kritisieren? Wann sind die kritischen Argumente stichhaltig? Die Antworten auf diese Fragen finden Sie im nächsten Kapitel.

8. Kritik üben

Die Antworten sind allerdings nicht ganz so eindeutig, wie Sie vielleicht gehofft haben. Was eine gültige Kritik darstellt, was gute von schlechten Argumenten unterscheidet – darüber gehen die Meinungen zwar nicht allzu weit auseinander, aber in der einschlägigen Literatur werden die Akzente doch unterschiedlich gesetzt. Auch über die Möglichkeiten und Grenzen kritischer Argumentation können wir offenbar kontrovers diskutieren. Bevor wir nun die *Instrumente der Kritik* im einzelnen betrachten, überlegen wir zunächst, was – ganz allgemein gesprochen – die Kritik leisten muss. Eine gelungene Kritik an einer Hypothese oder Theorie zeigt, dass es dieser nicht gelingt, das Problem zu lösen, das sie zu lösen vorgibt (Popper 1992²). Gegenargumente, die die Kritik schwächen sollen, müssen plausibel machen, warum die Kritik ihr Ziel verfehlt. Und wer *für* eine Hypothese argumentiert, will nachweisen, dass diese ihr Problem löst, dass sie zum Beispiel richtig auf die Frage antwortet, warum sich die Algen im Gartenteich ausbreiten. Aber was ist mit den normativen und den technologischen Aussagen? Tatsächlich dürfen wir sie beim Diskutieren nicht in denselben Topf werfen. Die Instrumente der Kritik, die wir für die drei Typen von Aussagen benötigen, unterscheiden sich teilweise voneinander.

Wir kritisieren informative Aussagen

Informative Aussagen behaupten etwas über die Wirklichkeit. Dabei können sie sich auf ein einzelnes Ereignis beziehen wie: „Kaiser Karl wurde im Jahre 800 gekrönt." Andere Aussagen beschreiben Teile der Wirklichkeit: „Unter dem Wasser der großen Ozeane verläuft ein verzweigtes Netz von Gebirgsrücken." Manche informative Aussagen stellen Regelmäßigkeiten in der Welt dar, während andere bestimmte Zusammenhänge erklären. Annahmen über Zusammenhänge spielen bei wissenschaftlichen Aussagen eine Rolle, die der Vorhersage von Ereignissen und Prozessen dienen. Die Unterschiede zwischen den ‚bloß' beschreibenden und den mehr theoretischen, erklärenden Aussagen sind fließend. Auch rein beschreibende Aussagen enthalten nämlich hypothetische Voraussetzungen, von denen uns manche trivial erscheinen mögen. Informative Aussagen verwenden wir auch, um Dinge und Vorgänge miteinander zu vergleichen, wobei die Vergleiche auf Schätzungen beruhen können: „1908 kollidierte ein Meteorit in Sibirien mit der Erde – die Energie dieses dramatischen Vorfalls entsprach der von über hundert Hiroshima-Bomben" (Voigt 1994). Welche Unterschiede im einzelnen auch immer zwischen den verschiedenen Typen informativer Aussagen – oder ganzen Gebäuden solcher Aussagen – bestehen mögen, so sagen sie doch immer etwas über die Wirklichkeit aus. Kritik an diesen Aussagen läuft daher stets auch darauf hinaus zu zeigen, *dass sie nicht zutreffen, dass sie die Wirklichkeit nicht richtig darstellen oder erklären.* Das ist der Grund dafür, weshalb sie die

Probleme nicht lösen und falsche Antworten geben. Sehen wir uns nun einmal genauer an, was beim Kritisieren solcher Aussagen geschieht. Wir orientieren uns an einem Vorschlag des Wissenschaftstheoretikers Bartley (1987), der *vier Instrumente der Kritik* unterscheidet.

1. Das erste „Kontrollinstrument", wie Bartley sagt, ist die *logische Prüfung.* Intuitiv wenden wir alle in Diskussionen (und bei anderen Gelegenheiten) dieses Instrument an, sobald wir nach *Widersprüchen zwischen Behauptungen* suchen: „Eben hast Du noch gesagt ... Jetzt stellst Du aber die These auf ... Mir ist nicht klar, wie das eine zum anderen passt." Die Suche nach logischen Widersprüchen *innerhalb* von Thesengebäuden gehört zu den wichtigen Aufgaben beim Diskutieren. Dahinter steckt der Gedanke, dass zwei Aussagen, die einander widersprechen, nicht beide zugleich stimmen können. Und an einer Theorie – oder einer Argumentation –, die *in sich widersprüchlich ist*, muss irgend etwas faul sein. Anders als in den Lehrbüchern bleiben während einer Debatte die Widersprüche oft im Hintergrund; sie werden nicht alle entdeckt. Wenn wir Aussagengeflechte auf die eben beschriebene Weise kritisieren, also Widersprüche offen legen, setzen wir die Gültigkeit logischer Regeln voraus. Aber auch logische Regeln sind kritisierbar – wie man das macht, wird im vorliegenden Buch allerdings nicht ausgeführt (vgl. dazu Bartley 1987; Lenk 1970; Vollmer 1988). Jedenfalls scheint es so, als müssten wir eine „Minimallogik" voraussetzen, sobald wir uns auf vernünftige Debatten einlassen. Wenn Sie richtig argumentieren wollen, können Sie einfach nicht behaupten „Alte Menschen sind nicht mehr in der Lage zu lernen" und gleichzeitig feststellen „Viele Bildungsstätten in Europa führen Seminare für alte Menschen durch, in denen viel gelernt wird."

2. Die *Beobachtung* ist das zweite Kontrollinstrument, das Bartley ins Feld führt. Beobachtungen dienen dazu, eine Hypothese oder eine Theorie an der Wirklichkeit zu messen. Insbesondere können wir Beobachtungen verwenden, um eine Theorie scheitern zu lassen. Wir fragen in diesem Fall, ob bestimmte Beobachtungen *der Theorie widersprechen.* Zwar sind wir in den meisten Debatten nicht in der Lage, die erforderlichen Beobachtungen durchzuführen, doch wir können auf Beobachtungen verweisen, auf solche, die wir selbst, und auf solche, die andere

gemacht haben. Dabei sind die Ergebnisse systematischer Beobachtungen, kontrollierter Messungen und experimentell gewon-
nener Daten in der Regel bedeutsamer als das, was wir eher zufäl-
lig beobachten oder was bislang nur wenige beobachtet haben –
obwohl solche Beobachtungen in der Theorienprüfung und
-entwicklung eine Rolle spielen. Beobachtungen stehen auch zur
Diskussion, wenn wir *Prüfschritte vereinbaren*. Bei unserem
Hahn-auf-dem-Mist-Beispiel haben wir schon gesehen, dass in-
formationsreiche Aussagen viele Ereignisse ausschließen. In Diskussionen können wir verabreden, zum Zwecke der Prüfung genau nach solchen ‚verbotenen' Ereignissen zu suchen.

*Wir Menschen neigen dazu, Beobachtungen zu machen, die
unsere Ansichten bestätigen.* Dabei sind wir meistens nicht kritisch genug. Im 10. Kapitel werden wir daher noch genauer her-
ausarbeiten, warum es leicht, ja zu leicht gelingt, etwas in Erfahrung zu bringen, was unsere Ansichten bestätigt – oft nur
scheinbar bestätigt. An dieser Stelle sollten wir folgendes festhalten: Argumente, die Beobachtungen verwenden, um informative
Aussagen zu belegen, sind schwächer als Argumente, die Beobachtungen als Prüfinstanzen verwenden.

3. Das dritte Kontrollinstrument sind *wissenschaftliche Theori-
en*. Wenn wir diese Variante der kritischen Prüfung benutzen,
stellen wir die Frage: „Steht die vorgebrachte informative Aussage
(Hypothese, Theorie) in Konflikt mit bewährten wissenschaftlichen Theorien?" Vertritt also ein Diskussionsteilnehmer eine Behauptung, die im Lichte einer wissenschaftlichen Theorie eigentlich nicht zutreffen dürfte? Das machen wir uns am besten an
einem Beispiel klar:

A: „Je schwieriger eine Situation ist, um so mehr mobilisieren
die Menschen ihre Möglichkeiten, anstehende Probleme zu
lösen. Deshalb sollten wir uns auch nicht zu viele Sorgen
machen, wenn wir Berichte über die Bevölkerungsexplosion
und die Umweltzerstörung hören."

B: Was Du gerade behauptest, stimmt nicht mit einigen Erkenntnissen der Psychologie überein. Man hat nämlich ..."

A: Ich habe doch nur an eine alte Lebensweisheit erinnert: Not
macht erfinderisch. Mit der Psychologie müssen wir uns
hier bestimmt nicht befassen."

B: „Lebensweisheiten können sich nun einmal als falsch her-
ausstellen. Mit wachsenden Schwierigkeiten und zunehmen-
dem Problemdruck steigt zwar zunächst auch das Problem-
lösungsniveau. Bis zu einem gewissen Grade macht Not
erfinderisch. Doch relativ schnell ist der Punkt erreicht, an
dem uns die Schwierigkeiten über den Kopf wachsen. Das
hat die Wissenschaft herausgefunden."

Der Gesprächspartner B bezieht sich wohl auf einschlägige Theorien der Psychologie, die der zitierten Lebensweisheit widersprechen. Vielleicht hat er ein Buch von Dörner (z.B. Dörner 1987)
gelesen. Wissenschaftliche Theorien widersprechen nicht nur einzelnen Behauptungen; es gibt auch *konkurrierende Theorien*, wissenschaftliche Theorien, die sich widersprechen. Dann stehen die
beteiligten Experten vor der Aufgabe, die Theorien zu *vergleichen*
und nach Möglichkeit eine Entscheidung zugunsten einer Theorie
zu fällen. In diesem Prozess können wiederum Prüfschritte ver-
einbart werden. Nicht immer geht eine Theorie als klare Siegerin
hervor. Wir entscheiden über die Qualität von Theorien sicher
nicht in einer einzigen Diskussion – im Wissenschaftsbetrieb
dauert es oft Jahre bis eine Theorie zurückgewiesen wird. Solche
wissenschaftlichen Auseinandersetzungen *beeinflussen unsere All-
tagsdiskussionen*, ja selbst beiläufig geführte Gespräche. Das ist
nicht weiter verwunderlich; die Wissenschaften prägen ohnehin
nachhaltig unseren Alltag. Und wir handeln vernünftig, wenn wir
uns an den Ergebnissen der Wissenschaft orientieren.

Auch dieses dritte Kontrollinstrument beruht darauf, Widersprüche zwischen Aussagen zu entdecken. Im Falle der logischen
Prüfung sind es immanente Widersprüche, Widersprüche innerhalb eines Aussagengeflechts. Verwenden wir Beobachtungen zum
Zwecke kritischer Prüfung, dann arbeiten wir Widersprüche zwischen Aussagen bzw. Theorien und Beobachtungen heraus, genauer gesagt: Widersprüche zwischen Theorien und Aussagen,
mit denen wir Beobachtungen festhalten.

4. Welches Problem wollen wir mit einer Theorie oder Hypothese lösen? Lösen sie das Problem erfolgreich? Mit solchen Fragen bringen wir das vierte Kontrollinstrument ins Spiel. Diese
Variante der kritischen Prüfung ist nicht zuletzt deshalb wichtig,
weil wir zuweilen über Thesen diskutieren, die wir nicht durch

Beobachtungen zu Fall bringen können. Ein Beispiel hierfür sind Wahrheitstheorien, also Theorien, die sich mit dem Problem beschäftigen, ob es wahre Behauptungen überhaupt gibt, woran wir diese erkennen, worin Wahrheit genau besteht. Die meisten von uns haben darüber wahrscheinlich schon einmal nachgedacht, und über irgendeine mehr oder weniger vage Vorstellung über die Wahrheit verfügen wir wohl alle. Bei einem Vergleich solcher Theorien können wir also fragen: Welche löst das Problem – oder die Probleme – auf eine plausible Weise? Verschiebt die Theorie nur das Problem? Ist sie fruchtbar, wirft sie neue Fragen auf? In den Kapiteln 10, 11 und 12 werden derartige Fragestellungen, die mit unseren Ansichten über die Wahrheit zu tun haben, erörtert. Dort finden Sie Anregungen, wie Sie Thesen diskutieren können, die sich nicht durch empirische Verfahren (wie Beobachtung und Experiment) überprüfen lassen.

Wir kritisieren technologische Aussagen

Mit den technologischen Aussagen machen wir Vorschläge, wie Ziele zu erreichen sind. Folglich wollen wir herausfinden, ob sich die vorgeschlagenen Maßnahmen tatsächlich eignen. Um dies zu diskutieren, benötigen wir *Hypothesen über die voraussichtlichen Auswirkungen der Mittel*, also informative Aussagen. Können wir – um ein Beispiel zu nennen – unser Betriebsklima verbessern (Ziel), indem wir Raucherzonen (Mittel) einrichten? Nun, sofern die Raucher die Räumlichkeiten tatsächlich benutzen, werden sich die anderen weniger belästigt fühlen. Die Spannungen zwischen den beiden Parteien müssten dann eigentlich abnehmen. Weil die Streitereien auch Zeit kosten, gewinnen wir durch diese Maßnahme Zeit zurück, die den Arbeitsprozessen zugute kommt. Allerdings, und das müssen wir selbstverständlich bedenken, entstehen auch Kosten – welches Mittel gibt es schon zum Null-Tarif? So benötigen wir Zeit und Geld, um die Raucherzonen einzurichten. Dann sollten wir überlegen, welche unerwünschten *Nebenwirkungen* diese Maßnahme mit sich bringen könnte. Vielleicht verbringen die Raucher zukünftig zuviel Zeit in den Raucherzonen, wo nicht alle Arbeiten erledigt werden können. Wie werden die Nichtraucher darauf reagieren? Dieses kleine Beispiel zeigt:

Bei der Diskussion über Mittel-Aussagen kommt es nicht nur auf die *Treffsicherheit* der vorgeschlagenen Maßnahme an, sondern auch auf die Nebenwirkungen, die dadurch verursacht werden. Mit Nebenwirkungen – erwünschten wie unerwünschten – sollten wir immer rechnen, besonders, wenn wir in komplexen und sich rasch wandelnden Wirklichkeitsbereichen Entscheidungen herbeiführen müssen. Indem wir handeln, also z. B. eine Nichtraucherzone einrichten, rufen wir oft Veränderungen hervor, *die wir nicht als Folge unserer Eingriffe erkennen*; in diesen Fällen besteht dann auch nicht die Möglichkeit, aus unseren Irrtümern zu lernen. Und umgekehrt: Bestimmte Veränderungen verbuchen wir als Erfolg, obwohl sie auf andere Ursachen, und eben nicht auf unsere Maßnahmen, zurückgehen. Eine besondere Spielart beim Diskutieren über Nebenwirkungen sind *Hinweise auf Missbrauchsmöglichkeiten*. Solche Argumente können wir besonders häufig bei Auseinandersetzungen beobachten, in denen es um Abtreibung, Sterbehilfe, aber auch um wissenschaftlich-technische Innovationen geht (z. B. Gentechnik). Eine wichtige Rolle in derartigen Debatten spielen *Dammbruch-Argumente* (Birnbacher 1995; Hoerster 1998; Lübbe 1999; Schleichert 1997) – das sind zugespitzte Hinweise auf Missbräuche. Wenn wir, so heißt es beispielsweise, der Tötung schwerstkranker Menschen unter bestimmten Bedingungen zustimmen, also Sterbehilfe ermöglichen, begeben wir uns auf eine *schiefe Bahn*. Die Hemmschwelle sinkt, und letztlich schlittern wir in Verbrechen hinein, wie wir sie von den Nazis kennen. Wehret daher den Anfängen! Einerseits ist es sehr vernünftig, darüber zu diskutieren, auf welche Weise eine vorgeschlagene Maßnahme missbraucht werden kann, welche diesbezüglichen Risiken sie birgt. Andererseits blockieren Dammbruch-Argumente – wie das eben zitierte – vernünftige Diskussionen über schwerwiegende Fragen. Deswegen sollten wir darauf achten, dass wir nicht vorschnell die Möglichkeiten rationaler Argumentation über Bord werfen, wenn jemand ein Dammbruch-Argument vorträgt. Bei solch heiklen Themen sind wir ja in besonderem Maße auf eine vernünftige, argumentative Auseinandersetzung angewiesen. Denn andernfalls wächst das Risiko, vermeidbare Fehler zu begehen.

A: „Das enorme Leid unheilbar kranker Menschen und ihrer Angehörigen hat bei vielen den Wunsch nach neuen gesetz-

lichen Regelungen hervorgerufen. In den Niederlanden besteht seit einiger Zeit die Möglichkeit, unter bestimmten
Bedingungen aktive Sterbehilfe zu praktizieren."

B: „Aber das ist doch schrecklich. Die Risiken sind wohl sehr
schwer einzuschätzen. Ich denke an Verwandte, die auf das
Erbe ihrer Angehörigen warten, an korrupte Ärzte – es gibt
viele Möglichkeiten, Missbrauch zu betreiben, mal ganz ab-
gesehen von der Frage, ob Sterbehilfe überhaupt ethisch
vertretbar wäre."

A: „Grundsätzlich gebe ich Dir Recht; wir müssen über die
Risiken diskutieren. Aber das Problem verschwindet ja nicht,
wenn wir nichts tun. Die Medizin versetzt uns nun einmal
in die Lage, beispielsweise extrem geschädigte Neugeborene
und todkranke Patienten lange am Leben zu erhalten. Wir
dürfen uns nicht einfach auf den Standpunkt stellen, dass
alles beim alten bleiben muss. Wir brauchen bessere Regelungen und auch Maßnahmen, um die Risiken so weit es
geht zu begrenzen."

B: „Allein die Tatsache, dass wir Missbrauch niemals ausschließen können, verbietet es uns, die derzeitigen strengen Be-
stimmungen aufzuweichen – ihnen liegt die Idee zugrunde,
menschliches Leben nicht anzutasten."

A: „Das ist nicht richtig; fast jede Maßnahme hat auch unerwünschte Konsequenzen, zum Beispiel, dass ein Missbrauch
möglich ist. Was unser Problem angeht, so suchen wir ein
Bündel von Verfahren und rechtlichen Regelungen, die insgesamt weniger unerwünschte Auswirkungen haben als die
derzeit übliche Praxis."

B: „Halt, hier geht es ja um Leben und Tod."

A: „In vielen anderen Fällen auch: Töten aus Notwehr zum
Beispiel ist zulässig, obwohl diese Regelung hin und wieder
missbraucht wird."

Im Augenblick konzentrieren sich A und B vor allem auf das
Missbrauchsargument. Das ist ein wirklich wichtiger Aspekt der
gesamten Problematik. Im weiteren Verlauf wird B vermutlich
Werte ins Feld führen, also mehr normative Aussagen vorbringen:

B: „Das Leben, ich meine das menschliche Leben, ist der
höchste Wert. Darüber sollten wir nicht verfügen."

Wie Sie die normativen Sätze in einer Diskussion richtig behandeln, steht in dem nun folgenden Abschnitt.

Wir kritisieren normative Aussagen

„Die Meinungen darüber, was gut und böse ist, sind subjektiv. Darüber können wir nicht wirklich diskutieren." – Diese Auffassung ist ziemlich weit verbreitet. Eine entgegengesetzte Überzeugung vertreten Menschen, die daran glauben, dass es objektive, unhintergehbare Werte gibt. Und manche Philosophen sind der Ansicht, es sei möglich, einige elementare normative Aussagen sicher zu begründen. Das mag eine zu hohe Erwartung sein; dennoch können wir über normative Aussagen auf eine vernünftige Weise diskutieren. Uns stehen hierfür einige Möglichkeiten zur Verfügung, die in der Praxis oft nicht genutzt werden. Auch wenn niemand beweisen kann, dass die Wahrheit einen hohen Wert darstellt oder dass es verwerflich ist, Tiere zu quälen, lassen sich unsere ethischen Entscheidungen durch kritische Argumente eingrenzen. Normative Aussagen sind mehr oder weniger überzeugend – und um das herauszufinden, müssen wir uns auf eine vernünftige Diskussion einlassen.

1. Wie schon die informativen Aussagen so können wir auch die normativen Aussagengeflechte einer *logischen Prüfung* unterziehen. Denn es passiert gar nicht so selten, dass wir in Diskussionen normative Aussagen vortragen, die nicht zusammenpassen. Nehmen wir einmal an, jemand behauptet: „Leben ist der höchste Wert überhaupt." Wenig später sagt der Betreffende: „Für die Erforschung einer so schrecklichen Krankheit wie Aids dürfen auch Primaten verwendet werden." Ist es möglich, beide Behauptungen aufrecht zu erhalten? Der Diskussionsteilnehmer, den wir mit dieser Frage konfrontieren, wird vermutlich seine erste Aussage verändern, vielleicht so: „Ja, aber ich meine doch menschliches Leben. Das Leben eines Menschen ist das höchste Gut, das wir kennen."

2. Diskussionen können uns emotional sehr belasten. Manche Teilnehmer empören sich über bestimmte Äußerungen, andere schweigen betroffen. *In diesen Fällen prallen zumeist unterschiedliche Wertvorstellungen aufeinander.* Doch das ist den Streitenden keineswegs immer in ausreichendem Maße klar; sie wissen oft

nicht, warum sie so heftig reagieren. Sie versäumen es, die Wertkonflikte deutlich herauszuarbeiten. Diese Konflikte bleiben vielmehr im Hintergrund und spielen dennoch eine ausschlaggebende Rolle, wie auch in dem folgenden kleinen Dialog:

A: „Ich finde es sehr bedenklich, wie Sie über Tempobegrenzungen sprechen. Werden wir Bürger nicht schon genug gegängelt? Hier in Deutschland gibt es doch so viele Vorschriften und Auflagen – und Sie wollen weitere hinzufügen."

B: „Die Luft, die wir atmen, liegt Ihnen wohl nicht am Herzen. Und auch das Ozonloch, das sich weiter ausbreitet, scheint Sie nicht zu interessieren."

A: „Wir Bürgerinnen und Bürger sollten uns zusammenschließen und gegen die Flut von Vorschriften vorgehen."

So kommt die Diskussion offensichtlich nicht richtig voran. Überlegen wir also, wie man es besser machen kann. Tempobegrenzungen sind ein Mittel, um ein Ziel – oder mehrere Ziele – zu erreichen. Teilnehmer B hat die Umwelt im Blick; sie ist ein hohes Gut, das er schützen will, während A an den Wert „Freiheit" denkt, an die Möglichkeit, sich so oder anders zu verhalten – langsam oder eben schneller zu fahren. Diese Ziele und die hinter ihnen stehenden Wertvorstellungen müssen offen gelegt werden. *Das ist ein wichtiger Schritt in einer solchen Diskussion.* Manchen Gesprächsteilnehmern wird dabei erst klar, warum sie mit Betroffenheit reagieren: Etwas, das ihnen wertvoll erscheint, steht zur Diskussion, steht im Widerspruch zu einem anderen Wert. *Veröffentlichen Sie also rechtzeitig Ihre Wertvorstellungen und weisen Sie auf vorhandene Wertkonflikte hin! Warten Sie nicht darauf, dass andere damit beginnen.* Manchmal gelingt es, die Konflikte zu entschärfen.

C: „Ich meine, wir sollten uns darüber verständigen, was wir mit Tempolimits überhaupt erreichen wollen. Ihnen geht es um die Schonung der Umwelt."

B: „Ja, Tempobeschränkungen sind kostenneutrale Sofortmaßnahmen zur Entlastung unserer Umwelt."

A: „Und für mich ist die Chance, auch beim Autofahren individuelle Entscheidungen über das Tempo treffen zu können, einfach sehr wichtig."

C: „Heißt das, dass Sie das Ziel von A, nämlich die Umwelt zu schützen, nicht teilen?"

A: Nein, das heißt es natürlich nicht. Die Umwelt ist tatsächlich ein hohes Gut, aber ..."

Betrachten wir noch ein weiteres, ein schwierigeres Beispiel:

A: „Mir bereitet es Sorge, wie leichtfertig wir heutzutage über Abtreibung reden. Dabei geht es um Leben und Tod. Wir Deutschen, mit unserer Vergangenheit, sollten hierbei besonders vorsichtig zu Werke gehen."

B: „Mit Ihren Hinweisen auf die Vergangenheit lasse ich mich nicht einschüchtern. Als Frau entscheide ich selbst über meinen Lebensentwurf, und dazu gehört auch die Frage, ob ich – ungewollt schwanger geworden – das Kind überhaupt haben will."

A: „Das bedeutet, Sie töten, ohne mit der Wimper zu zucken."

Wie würden Sie in der Rolle eines Moderators versuchen, aus diesem Wortgefecht eine vernünftige Diskussion zu entwickeln? So vielleicht:

M: „Ich habe den Eindruck, dass Sie unterschiedlichen Werten den Vorrang geben. Sie, Frau Meier, legen uns nahe, das menschliche Leben – auch das ungeborene – als einen sehr hohen Wert zu begreifen. Und Sie, Herr Antes, sagen: Die persönliche Freiheit, die auch die Entscheidung über ein ungeborenes Kind einschließt, ist eine wichtige Errungenschaft."

A: „Ja, aber das Leben ist selbstverständlich ein hoher Wert. Das bestreite ich gar nicht."

M: „Dann stellt sich unter anderem die Frage: Was wiegt schwerer – das Leben des Embryo oder die Wünsche der Schwangeren?"

A: „Dabei müssen wir noch bedenken, dass ein Fötus gar keine zukunftsbezogenen Wünsche, Ziele und Interessen haben kann."

Solchen Auseinandersetzungen liegen oft sehr tiefe, kaum verrückbare Überzeugungen zugrunde. Wir müssen überdies mit Wertkonflikten rechnen, die unauflöslich sind. Deshalb sind wir sehr darauf angewiesen, nach Kompromissen zu suchen und Kompromisse einzugehen, also hinzunehmen, dass keine der konkurrierenden normativen Vorstellungen voll zur Geltung kommen kann.

3. Noch sind unsere Möglichkeiten, normative Aussagen vernünftig zu diskutieren, nicht erschöpft. Wir sollten die *Konsequenzen feststellen*, die sich voraussichtlich einstellen, wenn wir uns bestimmten Werten verpflichtet fühlen und entsprechende Normen befolgen. Wie würde sich die Wirklichkeit verändern? Diese mutmaßlichen Änderungen werden wiederum bewertet. Zwar gelangen die Teilnehmer einer Debatte dabei leicht zu unterschiedlichen Einschätzungen. Aber dennoch sind wir einen Schritt weiter. Wir haben jetzt nämlich eine klarere Vorstellung darüber gewonnen, was eintreten wird, wenn sich die Menschen an einer bestimmten Norm orientieren. Indem wir die Konsequenzen normativer Sätze erörtern, wird uns deutlich, wofür – oder wogegen – wir uns eigentlich entscheiden. Gibt es konkurrierende Normen, also unterschiedliche Vorschläge, dann *vergleichen* wir die Konsequenzen, die den jeweiligen Normen folgen.

Insbesondere mit Normen, die ein bestimmtes Verhalten vorschreiben, können wir so umgehen wie mit den Mitteln bzw. den technologischen Aussagen. *Denn Normen sind ja Mittel, um bestimmte Probleme zu lösen, die sich aus dem Zusammenleben von Menschen ergeben.* So ist eine Vorschrift wie „Du sollst wahrhaftig sein" eine Maßnahme, um einige Schwierigkeiten zu lindern, die sich aus der Tatsache ergeben, dass die Menschen oft lügen und täuschen. Und auch die Anwendung von Normen führt zu Nebenwirkungen, die wir bewerten.

4. Ein spezielles Problem, über das Philosophen viel nachgedacht haben, liegt in der Frage, ob es gelingen kann, *universelle* Normen zu finden. Damit sind Normen gemeint, die über Kulturen und Zeiten hinweg gültig sind, und denen – im Prinzip – jeder Mensch nach reiflicher Überlegung zustimmen müsste. Vielleicht erinnern Sie sich an die folgende „goldene Regel": „Was Du nicht willst, das man Dir tu', das füg' auch keinem andern zu." Diesem normativen Satz pflichten vermutlich viele Menschen bei. Doch es besteht die folgende Schwierigkeit: Die Vorstellungen darüber, was ‚man' – der andere überhaupt, die Ehefrau, der Staat – einer Person zufügen darf, was sozusagen zumutbar ist, gehen sicher-

lich auseinander. Ungeachtet dieser und anderer Schwierigkeiten spielt die Suche nach zustimmungsfähigen Regelungen eine wichtige Rolle – gerade auch im Feld der Politik. Insbesondere stellt sich die Frage nach der *Fairness*. Ist eine Norm für alle Menschen in etwa gleichermaßen gut, oder tragen bestimmte Personengruppen Nachteile davon?

5. Eine andere Frage ist, ob es gelingt, Normen, die wir für richtig erachten, auch durchzusetzen. Und damit sind wir schon bei einem weiteren Gesichtspunkt für unsere kritische Auseinandersetzung. Hat eine vorgeschlagene Norm (oder ein vorgeschlagenes Ziel) überhaupt eine Chance, Wirklichkeit zu werden? Wir prüfen, kurz gesagt, die *Realisierbarkeit*. Es gibt einfach unrealistische Vorschläge, die wir nicht umsetzen können, auch wenn sie für sich genommen durchaus wünschenswert sind. Ziele können zu hoch gesteckt sein und Normen den Menschen zuviel zumuten. Im Verlauf einer Diskussion werden solche Ideen daher meistens eingeschränkt – es sei denn, die Gesprächspartner vertreten rigorose moralische Standpunkte, die sie für unhintergehbar halten.

6. Das ist oft dann der Fall, wenn Diskussionsteilnehmer einer Ideologie anhängen, von deren Überlegenheit sie felsenfest überzeugt sind. Solche Ideengebäude enthalten normative Sätze, die an Überzeugungskraft verlieren, sobald die Ideologie erschüttert wird. Deshalb lassen sich manche normativen Überzeugungen kritisch prüfen, indem wir fragen, ob die Weltdeutung, mit denen sie verknüpft sind, überhaupt Bestand hat. Beispielsweise könnte eine Vorschrift wie „Du sollst keine anderen Götter haben neben mir" keinen rechten Sinn mehr ergeben, wenn uns die *dazu passende* Gottesvorstellung fragwürdig erscheint. Normative Aussagen sollten also mit dem uns verfügbaren (wissenschaftlichen) Weltbild verträglich, sie sollten „kongruent" (Albert 1980[4]) sein.

7. *Innerhalb* des Reiches normativer Aussagen haben wir Zielangaben, Normen und Werturteile unterschieden. Obwohl hinter den Zielangaben oft Wertvorstellungen versteckt sind, finden wir ohne Mühe Ziele, die keinerlei – oder nur geringe – *moralische* Bedeutung haben, die Grenzen mögen hier fließend sein. Mein Garten soll in ein paar Wochen so und so aussehen. Ich habe das Ziel, meine Briefmarkensammlung zu komplettieren. Wenn ich mit meinem Garten den Nachbarn keinen Schaden zufüge und die Briefmarken niemandem stehle, also ein fragwürdiges Mittel ein-

setze, sind diese beiden Ziele keine Bestandteile einer *moralischen Argumentation.* Normativ in diesem Sinne werden Diskussionen, sobald wir die Auswirkungen auf andere betrachten, deren Interessen berücksichtigen und Schäden zu vermeiden suchen (Wolf 1999). Im zweiten Kapitel haben wir uns die Frage gestellt: „Warum soll ich vernünftig sein?" Entsprechend fragen wir jetzt: „Warum soll ich moralisch sein? Was habe ich eigentlich davon? Warum soll ich mich auf moralische Debatten überhaupt einlassen?" Das sind keineswegs akademische Fragen; denn viele Leute vermeiden solche Diskussionen aus unterschiedlichen Gründen, u.a. auch weil sie denken: Moral, Ethik – das ist nichts für mich. Jeder muss doch selber sehen, wo er bleibt. Falls diese Fragen jedoch Ihre Neugier wecken, sollten Sie jetzt lesen, was vier Diskussionsteilnehmer mit unterschiedlichen Ansichten in der folgenden Diskussion dazu sagen.

Ein Gespräch über Moral

Heike: „Unsere Eltern hatten zum Teil andere Moralvorstellungen als wir. Ich frage mich, inwieweit Moral überhaupt Bestand hat. Unsere Bereitschaft, moralisch zu handeln, nimmt doch ab, oder?"

Herbert: „Dass sich die Moral wandelt, ist ganz normal, sie verändert sich mit der Gesellschaft."

Jochem: „Die wandelt sich vor allem deshalb, weil *neue Probleme* auftauchen, die wir lösen müssen."

Meike: „Moment mal, ich denke, es geht bei moralischen Angelegenheiten um *Gut und Böse,* darum, was wir tun sollen und was wir nicht tun dürfen. Ändert sich das, nur weil neue Probleme auftauchen?"

Jochem: „Ja, solange es zum Beispiel nicht die Möglichkeit gibt, menschliche Organe zu verpflanzen, brauchen wir auch nicht darüber nachzudenken, unter welchen Bedingungen das passieren soll, welche Möglichkeiten des Missbrauchs womöglich bestehen. Es gibt dann gar keinen Regelungsbedarf."

Meike: „Doch inwiefern können wir sagen, dass moralische Begriffe wie ‚Wahrheit', ‚Gerechtigkeit', ‚Treue', usw. dazu dienen, Probleme zu lösen?"

Jochem: „Was Du moralische Begriffe nennst, das sind *Leitideen*, sie bezeichnen, was uns wichtig erscheint, wonach wir streben sollen, etwa nach der Wahrheit. Wir können fragen: Wozu sind diese Leitideen erfunden worden? Und taugen sie heute noch etwas?"

Meike: „Ich glaube, das siehst Du doch zu nüchtern. Gibt es nicht vieles, *was in sich gut ist*, das Leben selbst beispielsweise – hat es nicht eine spirituelle Qualität?"

Herbert: „Leute, wir sollten nicht wieder in eine Diskussion über Esoterik hineinschlittern. Bleiben wir lieber bei der Moral. Was das Leben angeht: Lebewesen sind das Resultat einer sinnindifferenten Evolution, die vor, sagen wir 3,5 Milliarden Jahren begann. *Für uns* ist das Leben wertvoll, jedenfalls unter bestimmten Bedingungen. *Wir* bewerten es positiv."

Meike: „Ich meine, wir haben ein unterschiedliches Verständnis von Moral."

Herbert: „Sieht ganz so aus."

Jochem: „Mit der Moral gestalten wir das menschliche Zusammenleben. Die moralischen Ideen und Normen *zügeln unser Eigeninteresse*, sie kanalisieren es so, dass andere nicht beschädigt und an der Gestaltung ihres Lebens nicht behindert werden."

Meike: „Wenn die Moral klappt, wenn die Leute sich daran halten."

Jochem: „Richtig, für diejenigen, die zu sehr abweichen, hält unser Moralsystem ja auch Sanktionen bereit, etwa Strafen bei Gesetzesübertretungen."

Heike:" Aber Jochem, Menschen können durch moralische Vorschriften doch auch am Leben gehindert, *ja sogar beschädigt werden*. Denkt nur einmal an eine rigide Sexualmoral – die kann einen krank machen!"

Meike: „Genau, und nicht nur in fernen Ländern, sondern auch bei uns werden wir schnell fündig. Die fünfziger Jahre, die Ära Adenauer, das waren doch Jahre, in denen die Spielräume für die Menschen unnötig eingeengt wurden."

Herbert: „Die Kirche, die Kirche."

Jochem: „Da ist was dran. Es gibt gelungene, weniger gelungene und misslungene Versuche, Probleme des Zusammenlebens zu lösen. Moral wird leicht unvernünftig, sobald man rigorose Vorstellungen hat. Das ist ein Grund mehr, die Probleme in den

Vordergrund zu stellen, sie rational zu lösen – statt verzückt in den Wertehimmel zu schauen."

Herbert: „Schön gesagt, Jochem."

Meike: „Hinter einer schönen Formulierung steckt nicht zwangsläufig ein gutes Argument."

Jochem: „Das ist klar."

Meike: „Mir fällt gerade auf, dass in Euren Überlegungen nur der Mensch vorkommt. Hast Du die Moral nicht zu eng definiert, Jochem? Müssen wir nicht die leidensfähigen Tiere in unser moralisches Denken und Handeln einbeziehen?"

Jochem: „Nun, ich würde zunächst sagen, der Umgang mit Tieren gehört zur Gestaltung unseres Lebens. Die Frage ist nur …"

Meike: „Tiere können wir ohne weiteres an ihrer Lebensgestaltung, ja an ihrem Leben überhaupt hindern?"

Heike: „Jetzt spricht die Vegetarierin."

Jochem: „Nicht ohne weiteres! Du weißt doch: Über unseren Umgang mit Tieren wird intensiv gestritten. In ethischen Debatten kommen die Tiere inzwischen häufiger vor."

Herbert: „Also es ist schon so: In der traditionellen Ethik werden die Tiere so gut wie nicht beachtet. Da spielen mal wieder religiöse Vorstellungen eine Rolle. Wer den Menschen als Krone der Schöpfung betrachtet, kann es sich leisten, das Tier außer Acht zu lassen – ein bequemer Standpunkt."

Heike: „Es stimmt nicht ganz, was Du gesagt hast. In der angelsächsischen Tradition der Ethik gibt es durchaus Versuche, Tiere einzubeziehen. Bentham zum Beispiel."

Herbert: „Ja, gut das ist die berühmte Ausnahme."

Meike: „Hat es den Tieren genützt, den Tieren in England, meine ich?"

Heike: „Nein, überhaupt nicht."

Meike: „Schreiben kann man viel. Aber mir fällt gerade auf, dass plötzlich von *Ethik* die Rede ist. Eben ging es noch um die Moral. Gibt's da einen Unterschied?"

Herbert: „Als Soziologe will ich das einmal so sagen: Die Moral ist das, was wir in einer Gesellschaft an Regelungen und Einstellungen vorfinden. Damit wird, ganz im Sinne Jochems, das Zusammenleben gestaltet. Und die Ethik – ja, das sind die Ideen, die Ansätze, die sich Philosophen ausdenken, und die manchmal die Moral einer Gesellschaft beeinflussen."

Heike: „Also schön, Moral ist ein Mittel, eine Art Werkzeug, das wir an unsere sich wandelnde Welt anpassen müssen, um damit arbeiten zu können."

Jochem: „Klingt gut, könnte von mir sein."

Heike: „Aber es stimmt nicht ganz. Die Moral, wie wir sie vorfinden, ist zu einem großen Teil *eben nicht* das Ergebnis vernünftiger Planung. Vieles hat sich einfach so eingespielt, eben bewährt, und wie das im einzelnen funktioniert, verstehen wir nur ansatzweise."

Jochem: „Da will ich gar nicht widersprechen, ich meine: Wir sollten die vorhandenen Regelungen *prüfen*, wenn nötig *verbessern* und gegebenenfalls *neue entwickeln*."

Meike: „Ich finde, Du hast Deine ursprüngliche Behauptung verändert. Also entweder sind moralische Werte und Regelungen von uns geplante Werkzeuge oder es handelt sich um ungeplante Ergebnisse unseres Handelns."

Jochem: „Wieso entweder – oder? Zu einem Teil haben wir sie gemacht, zu einem anderen Teil sind es unbeabsichtigte Konsequenzen unseres Handelns, teils verstandene, teils unverstandene. Ich will aber noch eine Unterscheidung vorschlagen."

Heike: „Dann mach mal!"

Jochem: „Es gibt moralische Werte und *nicht-moralische Werte.* Die nicht-moralischen Werte regeln eben nicht unser Zusammenleben, mit ihnen lösen wir keine Probleme."

Meike: „*Beispiele*, Jochem, *Beispiele*, sonst können wir Dir nicht folgen."

Herbert: „*Du* kannst ihm nicht folgen."

Jochem: „Zum Beispiel Geselligkeit, Zuwendung sind für uns wichtige Dinge, der Wunsch, die Münzsammlung zu vervollständigen, Mozarts Musik zu hören."

Herbert: „Also Ziele, die wir anstreben. Du darfst diese Unterscheidung aber nicht absolut treffen, ..."

Jochem: „Fürs Absolute bin ich ohnehin nicht zuständig."

Herbert: „denn wir können auch hier die Konsequenzen prüfen und miteinander vergleichen. Geselligkeit betrifft eben auch die anderen. Was geschieht, wenn ich ungesellig bin? Höre ich Mozarts Musik laut bei geöffnetem Fenster, nerve ich den Nachbarn."

Meike: „Ich finde, unser Gespräch zeigt, dass es im wohlverstandenen Eigeninteresse liegt, moralisch zu handeln. Unser Leben
kann dadurch erträglicher werden. Sich an ein paar Regeln und
Werten zu orientieren, entlastet wohl auch."

Herbert: „In der Adenauer-Ära war es sehr vernünftig, von der
damals herrschenden Sexualmoral abzuweichen."

Meike: „Jochem, Du hast Dich immer noch nicht darüber geäu-
ßert, welche Rolle die Tiere in der Moral spielen. Was ist Deine
Meinung?"

Heike: „Er kocht und isst gerne."

Herbert: „Dann lad' uns doch mal wieder ein."

Meike: „Aber mach' was Vegetarisches!"

Sein und Sollen:
Wie vernünftig ist die Unterscheidung zwischen informativen und normativen Aussagen? – ein kleiner Exkurs

Den folgenden Abschnitt können Sie überspringen. Falls Sie aber
beim Lesen die kritische Frage gestellt haben, ob die Unterscheidung von informativen und normativen Aussagen überhaupt
plausibel ist, sollten Sie weiterlesen. Möglicherweise erinnern Sie
sich daran, dass in den zurückliegenden Jahren (vor allem in den
Sechzigern und Siebzigern) immer wieder einmal über dieses
Thema diskutiert wurde. Die Wissenschaften – so lautete eine
pauschale Behauptung – sind nicht wertfrei. Interessen und Wünsche der Auftraggeber von Forschungsvorhaben spielen doch unvermeidlicherweise eine Rolle. Und fließen nicht in alle unsere
Aussagen zwangsläufig Bewertungen ein, die wir vielleicht gar
nicht bemerken? Lässt sich also die in diesem Buch vorgenomme-
ne Unterscheidung von informativen und normativen Aussagen
überhaupt durchhalten? Solche Zweifel sollten wir schon deshalb
ernst nehmen, weil in Diskussionen hin und wieder darauf Bezug
genommen wird: „Das sagen Sie aus Ihrer Perspektive als Mann."
„Ihren Argumenten hört man schon an, dass Sie die Interessen der
Atom-Lobby unterstützen." Wie wir in Diskussionen mit solchen
Äußerungen umgehen, steht im 9. Kapitel; hier beschränken wir
uns darauf, die in Frage stehende Unterscheidung zu kommentieren. Dabei ist zunächst zu beachten, dass sich die Unterscheidung

tatsächlich *nur auf Aussagen* bezieht. Menschen sind selbstverständlich wertende und interessengeleitete Wesen. Auch die Entscheidung, beispielsweise an einer Diskussion über das Scheitern der Weimarer Republik teilzunehmen, hängt von persönlichen Gegebenheiten ab. So könnte jemand deshalb an diesem Thema interessiert sein, weil ihm die Zukunft der Demokratie am Herzen liegt. Die entscheidende Frage lautet daher: Dringen Bewertungen unvermeidlicherweise in unsere informativen Aussagen (Theorien) ein, so dass es unmöglich ist, beide voneinander zu unterscheiden? Um die enge Koppelung von informativen und normativen Anteilen zu unterstreichen, wird manchmal die folgende These vorgebracht: Es gibt Sachverhalte, die wir mit Hilfe unserer Bewertungen erst *konstruieren*. „Die Gewaltbereitschaft an den Schulen ist gewachsen." „Die Ausländerfeindlichkeit hat zugenommen." Begriffe wie „Ausländerfeindlichkeit" und „Gewaltbereitschaft" klingen negativ; sie scheinen zum Teil das Ergebnis einer Wertung zu sein. Was also ist dran an der These, dass informative und normative Aussagen nicht oder zumindest nicht sauber voneinander zu trennen sind?

1. Begriffe wie „Ausländerfeindlichkeit" oder „Gewaltbereitschaft" können wir umschreiben, indem wir Verhaltensweisen und Einstellungen angeben. So könnten wir beispielsweise darauf hinweisen, dass Lehrer häufiger mit verletzten Kindern konfrontiert werden. Diese Behauptung mag uns wiederum zu einer Bewertung veranlassen; aber es ist ohne Mühe möglich zu fragen, ob die Aussage, die den Sachverhalt bzw. die Entwicklung beschreibt, überhaupt stimmt.

2. Es sind *unterschiedliche Bewertungen* möglich, ohne dabei die informative Aussage ändern zu müssen. Die Aussage „In den letzten Jahren hat die Ausländerfeindlichkeit zugenommen" findet vielleicht die Zustimmung eines rechtsradikalen Politikers – aber er bewertet diese mutmaßliche Entwicklung vielleicht positiv. Wie immer auch das Werturteil ausfallen mag, die Möglichkeit zu fragen, ob die These der Wirklichkeit entspricht, bleibt davon unberührt.

3. Wir Menschen sind, wie gesagt, wertende Lebewesen. Die Haltungen, die eine Person einnimmt, und die Prozesse der Bewertung sind Bestandteile der Wirklichkeit, über die wir informative Aussagen, ja ganze Theorien entwickeln.

4. Informative Aussagen enthalten gelegentlich normative Elemente, die bei Bedarf entkoppelt werden können. Begriffe, die Werturteile provozieren, stehen einer kritischen Auseinandersetzung mit den Aussagen (in denen die Begriffe vorkommen) meistens nicht im Wege. Hier nützt uns die Grundregel Nr. 1, derzufolge wir uns am Sinn von Aussagen orientieren. Betrachten Sie als Beispiel die folgende Hypothese: „Personen, die ihre schulische Laufbahn mit dem Abitur beenden, sind weniger ausländerfeindlich als Personen mit niedrigeren Bildungsabschlüssen." Obwohl der Ausdruck „ausländerfeindlich" wertend klingt und bei vielen Leuten ein Werturteil provoziert, handelt es sich bei dieser Behauptung eindeutig um eine Annahme über die Wirklichkeit, die wahr oder falsch sein kann. Um sie kritisch zu diskutieren, benötigen wir ein paar Kriterien bzw. Indizien dafür, was es heißt, ausländerfeindlich zu sein. Wir müssen aber nicht – wie wir im 6. Kapitel gesehen haben – erst den Begriff genau definieren, um den Sinn der Aussage zu verstehen.

5. Tatsächlich gibt es Ideengebäude, in denen informative und normative Bestandteile eng miteinander zusammenhängen. Das ist der Fall bei den sogenannten Weltanschauungen, die oft auch als „Ideologien" bezeichnet werden. Allerdings ist dies keine Stärke, sondern eine Schwäche, die uns zu einer weiteren Variante der kritischen Auseinandersetzung führt, nämlich der Ideologiekritik.

Ideologiekritik – ein Überblick

Ideologiekritische Verfahren unterscheiden sich von den bislang erläuterten Instrumenten vernünftiger Argumentation. Sie kommen nämlich insbesondere dann zum Zuge, wenn die direkte argumentative Auseinandersetzung mit den Aussagen nicht mehr oder nur noch teilweise gelingt. Ideologiekritisch gehen wir vor, sobald unsere Diskussionspartner der Kritik auszuweichen versuchen oder auch andere Fehler machen. In diesem Abschnitt verschaffen wir uns zunächst einen Überblick über die Formen der Ideologiekritik. Im nächsten und übernächsten Kapitel lernen Sie einige Strategien genauer kennen, die bei diesem Verfahren eine Rolle spielen. In einem ersten Schritt unterscheiden wir, einem

Vorschlag Schmids folgend, drei allgemeine Varianten der Ideologiekritik (1989). Diesen Varianten liegen jeweils unterschiedliche Vorstellungen über Ideologien zugrunde.

1. Eine Form ideologiekritischer Auseinandersetzung läuft darauf hinaus, systematische Fehler bei der Entstehung von Aussagen (bzw. ganzen Ideengebäuden) aufzuzeigen. Dies geschieht mit dem Ziel, die Aussagen selbst in Misskredit zu bringen. Wenn bereits der Ursprung einer Behauptung (Idee, Weltanschauung) mit Mängeln belastet ist, muss dies erst recht für diejenigen Aussagengeflechte gelten, die aus der fragwürdigen Quelle stammen. Hier ein Beispiel für diese Art der ideologiekritischen Argumentation:

„Die Religionen sind ursprünglich Erfindungen der herrschenden Eliten, Erfindungen, die in betrügerischer Absicht auf den Weg gebracht wurden. Daher sollten wir den Weltbildern, die in Religionen enthalten sind, nicht trauen."

Wer so argumentiert, schließt also vom Ursprung, von der Entstehung eines Ideengebäudes auf dessen Qualität. Eine solche Argumentation ist äußerst problematisch (s. Kap. 9); sie verstößt gegen unsere erste Hauptregel, nämlich die Aussagen selbst zu kritisieren. Das heißt natürlich nicht, dass es – je nach Problemstellung – nicht sinnvoll sein kann, über die Entstehungsbedingungen von Weltanschauungen und anderen Ideen zu diskutieren. Einen Fehler begeht aber, wer von der Herkunft auf die Qualität schließt – im nächsten Kapitel erfahren Sie mehr über diesen Fehlschluss.

2. Die zweite Variante der Ideologiekritik verstößt ebenfalls gegen unsere erste Hauptregel. Sie untersucht die *Funktionen* von Weltanschauungen, um etwas über die Wahrheit oder Falschheit eines Gedankengebäudes ausfindig zu machen. Ein Beispiel hierfür ist die Behauptung, religiöse Ideengebäude dienten dazu, die soziale Ordnung aufrecht zu erhalten. Nun, das mag stimmen oder auch nicht – doch die Behauptungen einer religiösen Weltanschauung könnten ja zutreffen und zugleich der Stabilisierung der sozialen Ordnung dienen. Das eine schließt das andere nicht zwangsläufig aus. Solche ideologiekritischen Argumente sollten wir daher lediglich als *Anlässe* betrachten, die zur Diskussion stehende Weltanschauung besonders kritisch zu prüfen. Ein vor Jahren beliebtes ideologiekritisches Argument aus dem marxistischen

Lager lautete: „Die bürgerliche Wissenschaft ist von den Interessen der herrschenden Klasse, den Kapitalisten, beeinflusst. Insbesondere die Sozialwissenschaften führen daher die Analyse der bestehenden Machtverhältnisse nicht angemessen durch. Deren Ergebnisse sind systematisch verzerrt."

3. Die dritte Variante der Ideologiekritik beschäftigt sich mit logischen Beziehungen in den Ideengebäuden. Sie deckt unzulässige Vermengungen von informativen und normativen Aussagen auf – eine häufige Schwäche in weltanschaulichen bzw. ideologischen Gedankengebäuden. Zu einer vernünftigen Ideologiekritik gehört auch, überzogene Ansprüche zurückzuweisen, zum Beispiel den Anspruch, im sicheren Besitz der Wahrheit zu sein. Während die beiden ersten Varianten der Ideologiekritik heikel sind, sollten wir die dritte Möglichkeit in Diskussionen nutzen. Uns stehen dabei mindestens sieben Instrumente zur Verfügung (Salamun 1992; Schleichert 1997), die wir jetzt kurz betrachten.

1. Verbinden Diskussionsteilnehmer mit ihren Thesen irgendwelche Absolutheitsansprüche? Wenn Aussagen als unumstößlich wahr deklariert werden, sollten Sie diese mit einigem Argwohn betrachten sofern sie in der Debatte eine wichtige Rolle spielen. „Das ist endgültig bewiesen." Oder: „Es gibt eben auch geoffenbarte Wahrheiten, die keinem Zweifel unterliegen." Sobald man uns solche unumstößlichen Wahrheiten auftischt, verwandeln wir diese kurzerhand in Hypothesen. Das ist gar nicht so schwer: „Du bist felsenfest von Deiner Behauptung überzeugt. Deinen Glauben will ich Dir ja nicht nehmen; aber in einer Diskussion behandeln wir alle Aussagen, die etwas über die Welt behaupten, als Hypothesen. Das ist einfach die Voraussetzung dafür, für oder gegen solche Aussagen zu argumentieren. Ich habe schon zwei Einwände …"

2. Warum erheben manche Diskussionsteilnehmer den überzogenen Anspruch, im sicheren Besitz einer Wahrheit zu sein? Wie begründen sie dies? Zumeist verweisen solche Gesprächspartner auf besondere *Quellen der Erkenntnis*, auf Quellen, die die Wahrheit verbürgen sollen. Während ideologiekritisch argumentierende Zeitgenossen auf die Ursprünge einer These zurückgreifen, um diese zu schwächen, verweisen andere auf Ursprünge, die Sicherheit garantieren sollen. Im 9. Kapitel finden Sie ein paar Vorschläge, wie Sie mit solchen Argumentationsmustern umgehen können.

3. Wer fest von der Wahrheit einer Weltanschauung (oder auch nur einer bestimmten These) überzeugt ist, neigt dazu, jede Kritik abzuwehren. Tatsächlich gibt es auch einige Tricks, um der kritischen Argumentation zu entkommen. Die ideologiekritische Aufgabe besteht in diesem Fall darin, diese Taktiken aufzudecken und zurückzuweisen.

4. Wer kennt sie nicht, die Zeitgenossen, die Schwarz-Weiß-Malereien mögen, die – beispielsweise – die Welt in Gut und Böse aufteilen und dabei die Zwischentöne und Übergänge vergessen. Ihnen gegenüber müssen wir versuchen, die Komplexität und Dynamik des wirklichen Lebens ins Spiel zu bringen. „Das sehen Sie zu einfach. Manche Politiker gehen mit den besten Absichten ans Werk, aber sie unterschätzen die auftretenden Nebenwirkungen ihres Handelns. Das reine Herz allein reicht nicht aus."

5. Nicht nur die Schwarz-Weiß-Maler können, wenn wir nicht aufpassen, eine Diskussion erheblich belasten, sondern auch diejenigen, die an *Verschwörungstheorien* glauben. Diese Sorte von Zeitgenossen haben die Angewohnheit, bestimmte Gruppen, Personen oder irgendwelche finsteren Mächte für Fehlentwicklungen verantwortlich zu machen: das Kapital, die Juden, die abendländische Vernunft, die Männer und so fort. „Schuld daran sind die Politiker" ist einer der Standard-Sprüche aus dem Repertoire der Verschwörungstheoretiker. Auch hier besteht die ideologiekritische Aufgabe darin, auf die Komplexität und Dynamik der Wirklichkeit hinzuweisen. Zwar gibt es tatsächlich Verschwörungen, aber sie bringen nur selten die gewünschten Resultate hervor – sie scheitern oft an den Neben- und Fernwirkungen, die Leute, die Verschwörungen aushecken, gerne übersehen. Untersuchungen haben im übrigen gezeigt, dass diejenigen, die hinter Schwierigkeiten und Unglücken leicht Verschwörungen vermuten, weniger gut in der Lage sind, komplexe Probleme zu lösen (Dörner 1987).

6. Eine weitere Zielscheibe für ideologiekritische Argumentationen sind überzogene Erwartungen und Hoffnungen, denen diverse Heilslehren zugrunde liegen. Nicht selten vertreten die Verfechter von Heilslehren, wie etwa viele Sektenmitglieder, den Anspruch, auf der unfehlbar richtigen Seite zu sein, also zu den Guten, den Auserwählten zu gehören. Wer eine solch hohe Meinung über sich selbst hat, neigt verständlicherweise zu esoterischen und elitären Einstellungen. Kein Wunder also, dass ein sol-

cher Mensch es nicht für nötig erachtet, auf andere zu hören – insbesondere auf Argumente, die die eigene Position gefährden könnten. Heilslehren enthalten zumeist Vermutungen über künftige Entwicklungen – beispielsweise über den Untergang der Welt, die Rettung durch Außerirdische oder die Errichtung einer harmonischen Gesellschaft. Und diejenigen, die auf der richtigen Seite stehen, spielen in dieser verheißungsvollen Zukunft natürlich eine besondere Rolle. Doch inwieweit ist es überhaupt möglich, die Zukunft vorherzusagen? Ein bekanntes Argument, das auf diese Frage antwortet, stammt von dem Philosophen Karl Popper (1974[4]):

Der Verlauf der Geschichte wird von vielen Faktoren beeinflusst. Ein sehr wichtiger dabei ist, so Poppers These, das Wachstum des Wissens. Unsere Theorien – insbesondere deren technische Umsetzungen – beeinflussen nachhaltig die weitere Entwicklung. Klar ist aber, dass wir heute noch nicht wissen, was wir erst in naher oder gar weiter Zukunft wissen werden. Könnten wir zukünftiges Wissen vorhersagen, besäßen wir es ja schon. Daraus folgt: Wir wissen nicht, was die Zukunft bringen wird.

Wir sollten die Gelegenheit nutzen und dieses berühmte Argument ein wenig näher betrachten. Wie würden Sie vorgehen, um das Argument zu entkräften? Welche Möglichkeiten der Kritik stehen Ihnen hier zur Verfügung? Nun, Sie können versuchen, eine entscheidende Hypothese dieses Gedankenganges von Popper anzugreifen, nämlich die Aussage: „Das menschliche Wissen beeinflusst nachhaltig die Zukunft." Das ist eine informative Aussage, eine Hypothese über die Welt. Folglich lautet die kritische Frage: Stimmt diese Aussage überhaupt? Wenn Sie sich kurz vorstellen, welche Konsequenzen wissenschaftliche und technische Neuerungen bis heute mit sich bringen, dürfte immerhin feststehen: Die Aussage trifft zu. An Poppers Argument scheint etwas dran zu sein. Allerdings sind sicherlich nicht alle zukünftigen Veränderungen die Folgen unseres Wissens. Womöglich gibt es Ereignisse und Entwicklungen, die nicht von wissenschaftlichen Fortschritten beeinflusst werden, die vielleicht sogar zwangsläufig auftreten werden. Außerdem sind wir in der Lage, bestimmte Trends zu erkennen, auch wenn uns die Details verborgen bleiben. Bis jetzt haben wir eine kritische Position gegenüber der Popperschen Argumentation bezogen. Wir können aber auch, weniger kritisch, danach fragen, ob Prognosen, die vielen Zeitgenossen plausibel erschienen, an unvorhergesehenen Erkenntnisfortschritten scheiterten. Und da finden wir ohne Mühe etliche Beispiele. Darüber hinaus ist auffallend, dass sogar unmittelbar bevorstehende technische Durchbrüche von angesehenen Wissenschaftlern nicht selten für unmöglich erklärt wurden. So wagte Lord Kelvin, um ein Beispiel zu nennen, Ende des 19. Jahrhunderts die Prognose, es werde nicht gelingen, funktionsfähige Luftfahrtzeuge zu entwickeln. Andere, wie die Gebrüder Wright, glaubten fest daran. Offensichtlich gibt es auch konkurrierende Hypothesen darüber, was in naher und ferner Zukunft bevorsteht. Unsere Auseinandersetzung mit der Argumentation Poppers brechen wir an dieser Stelle ab. Momentan scheint bei unseren Erörterungen herauszukommen, dass auf jeden Fall Aspekte oder Teile der Zukunft unvorhersehbar sind.

7. Niemand kann mit Argumenten gezwungen werden, auf Argumente zu hören, die der eigenen Weltanschauung widersprechen. Wer sich im Besitz der Wahrheit wähnt, ist dazu einfach nicht bereit. Da hilft vielleicht ein anderes Mittel weiter, nämlich die *„subversive Kritik"* (Schleichert 1997). Diese Variante der ideologiekritischen Argumentation ist ein Sonderfall. Sie richtet sich nicht direkt gegen die zur Diskussion stehende Weltanschauung; vielmehr arbeitet sie heraus, „was die betreffende Ideologie alles beinhaltet." Es geht anders gesagt darum, dem Anhänger eines ideologischen Weltbildes zu zeigen, woran er eigentlich glaubt. Denn oft genug kennen weltanschaulich gebundene Menschen die Inhalte und Konsequenzen ihrer jeweiligen Ideologie nur unzureichend. Ideologien müssen sich in einem gewissen Umfang mit den Erkenntnisfortschritten im Wissenschaftsbetrieb auseinandersetzen. Dabei werden Bestandteile der Ideologie nachgebessert, manchmal auch ganz umgedeutet. Diese Anpassungsmanöver herauszuarbeiten, gehört zu den Aufgaben des subversiven Argumentierens. Mit dieser Strategie verbinden die Kritiker einer Ideologie die Hoffnung, ihren Gesprächspartnern eine gewisse Distanz zum eigenen Glaubenssystem zu ermöglichen.

Die folgende Tabelle fasst die argumentativen Mittel zusammen, die uns zur Verfügung stehen (vgl. Alt 1994).

Tabelle 2: Mittel der kritischen Prüfung

Aussagen	Beispiele	Geltungsmodus/ Testfragen	Mittel der kritischen Prüfung
informative	Es gibt Quasten-flosser. Alle Planetenbahnen sind Ellipsen. Bei irreversiblen Prozessen nimmt die Entropie zu. Wenn Menschen gro-ßem Streß ausgesetzt sind, dann nimmt die Fähigkeit ab, Probleme zu lösen.	*Wahrheit* Stimmt die Aussage mit der Wirklichkeit überein?	– logische Prüfung – Vergleiche mit konkur-rierenden Aussagen – Prüfung an der Realität – Bezug zum Problem – ideologiekritische Aspekte: geringer Informations-gehalt? Absolutheitsanspruch Vermengung mit normativen Aussagen? Schwarz-Weiß-Malerei? Verschwörungsideen? Überzogene Erwartungen? Rekurs auf autoritäre Quellen?
technologische	Verwende Kamillen-tee, um deine Beschwerden zu lindern. Militärische Aktionen außerhalb der Nato sind unverzichtbare Maßnahmen zur Begrenzung lokaler Konflikte.	*Geeignetheit* Führt das Mittel wirklich zum Ziel?	– Mutmaßliche Wirkungen herausarbeiten – Prüfung der zugrunde-liegenden Hypothesen – Nebenwirkungsanalyse, Kollision mit anderen Zielen und Werten?
normative	Du sollst nicht töten. Den Frieden sollten wir erhalten. Was du nicht willst, das man dir tu, das füg' auch keinem andren zu. Es ist besser, Unrecht zu erleiden, als Unrecht zu tun. Leben ist das höchste Gut	*Erwünschtheit* Sollen wir das tun? Ist dieser Zustand gut so? Wie würde sich die Welt verändern?	– logische Prüfung – Wertkonflikte herausarbeiten – Konsequenzen herausarbeiten – faire Wirkungen für alle? – Realisierbarkeitspostulat anwenden – Kongruenzpostulat anwenden
außer-moralische Werturteile	Deine Niere funktioniert gut.		– Umformulieren in informative Aussagen – Kriterien festlegen

9. Fehler beim Argumentieren:
Fehlschlüsse, faule Tricks
und Immunisierungsstrategien

Wer hat nicht schon einmal die Erfahrung gemacht, dass eine Diskussion nicht richtig vorankommt. Mal lässt ein Teilnehmer jedes Argument an seiner Überzeugung abprallen, mal entsteht Verwirrung; und manchmal scheint die gesamte Diskussion aus dem Ruder zu laufen. In solchen Fällen können Fehler beim Argumentieren im Spiel sein: Schlüsse, die nicht korrekt sind, faule Tricks und Verfahren, die dazu dienen, der kritischen Argumentation auszuweichen. Daher ist es für jeden, der eine vernünftige Diskussion führen will, von großer Bedeutung, die diesbezüglichen Fehler genau zu kennen. Das allein reicht aber noch nicht aus. Wir müssen nämlich auch in der Lage sein, angemessen auf Tricks, Fehlschlüsse und Manöver der Kritikvermeidung zu reagieren. Das kann, wie wir gerade gesehen haben, auch ein Bestandteil der Ideologiekritik sein. Oft werde ich gefragt: „Ist es strategisch klug, selber Tricks in Diskussionen einzusetzen?" Die Antwort auf diese Frage hängt nicht zuletzt von Ihren Zielen ab. Möglicherweise wollen Sie in einer bestimmten Situation eine Diskussion verhindern. Wie in den übrigen Kapiteln dieses Buches finden Sie auch hier Anregungen, wie Sie auf eine faire und vernünftige Weise diskutieren können. Gerade in den Fällen, in denen Sie Ihre Gesprächspartner gerne überzeugen möchten, sind Sie darauf angewiesen, sicher auf Fehler und Tricks zu reagieren. Mit einem faulen Trick können zwar kurzfristig auch Erfolge verbucht werden, sobald andere aber die Sache durchschauen, verlieren faule Tricks ihre Wirkung. Wahrscheinlich machen Sie gute Erfahrungen, wenn Sie nach der folgenden Devise handeln: *Fehler und Tricks zu erkennen und sie argumentativ zu entlarven ist besser, als selbst auf unfaire Argumentationsmuster zurückzugreifen.*

Achtung Fehlschlüsse!

Genetische Fehlschlüsse

In Diskussionen hören wir oft Bemerkungen wie die folgenden: „Sie tragen hier doch genau das vor, was Ihr Parteivorstand beschlossen hat. Ihnen geht es nur darum, diesen Beschluss umzusetzen." „Als Mann können Sie das gar nicht richtig beurteilen. Nur wir Frauen machen damit Erfahrungen." Derartige Behauptungen richten sich nicht direkt gegen Aussagen bzw. Argumente; sie verweisen vielmehr auf bestimmte Merkmale, die bei der *Entstehung* von Aussagen eine Rolle spielen könnten. Um bei unseren beiden kleinen Beispielen zu bleiben: In dem einen Fall macht jemand auf den Parteitagsbeschluss aufmerksam, in dem anderen wird das Geschlecht bemüht. Ein genetischer Fehlschluss liegt genau dann vor, wenn wir von solchen Merkmalen auf die Qualität – insbesondere auf die Wahrheit bzw. Falschheit – der Aussagen schließen. Der Ausdruck „genetisch" bedeutet soviel wie die Herkunft betreffend. Interessen, Geschlecht, Bildung, finstere Pläne usw. haben ja tatsächlich etwas mit dem Ursprung von Aussagen zu tun. Ein Gewerkschaftler beispielsweise vertritt mit einer hohen Wahrscheinlichkeit andere Thesen zum Thema „Lohnerhöhung" als ein Unternehmer. Im Alltag nutzen wir manchmal solche Zusammenhänge, um Menschen und ihre Positionen einzuordnen. Und bei bestimmten Entscheidungen berücksichtigen wir, *wer* etwas gesagt hat oder unter welchen Bedingungen jemand eine Empfehlung ausspricht. „Diese Ärztin" – so denken wir zum Beispiel – „ist bekannt für ihre zutreffenden Diagnosen. Also verlasse ich mich darauf, dass sie auch diesmal nicht irrt." Dabei ist uns keineswegs immer klar, dass jemand, der 100 richtige Diagnosen erstellt hat, bei der 101. völlig daneben liegen kann. Vollends problematisch ist es, mutmaßliche Absichten und Interessen heranzuziehen, um etwas über die Gültigkeit eines Arguments oder die Wahrheit bzw. Falschheit einer Theorie herauszufinden. Sogar eine Person, die zu lügen versucht, sagt vielleicht – ungewollt – doch die Wahrheit. Weil genetische Fehlschlüsse in Diskussionen und vor allem in Alltagsgesprächen häufig auftreten, haben wir uns an sie gewöhnt. Sie erscheinen uns selbstverständlich. Deshalb sollten wir uns an dem folgenden kleinen Beispiel noch einmal verdeutlichen, weshalb es keinen gültigen Schluss von den Entstehungsbedingungen einer Aussage auf deren Qualität gibt. Stellen Sie sich einfach vor, dass in einem Zimmer zwei Leute sitzen, von denen der eine dem anderen ein teures Lexikon verkaufen möchte. Der Verkäufer bemerkt, wie sein Gesprächspartner nach dem Mantel sieht; er scheint gehen zu wollen. Der Mann mit dem teuren Lexikon, der nur vortäuscht, durch einen Spalt im Vorhang nach draußen zu schauen, behauptet plötzlich: „Draußen regnet es." Er hofft, den potentiellen Käufer damit zum Bleiben zu veranlassen. Doch sein Manöver ist nicht von Erfolg gekrönt. Der andere ergreift den Mantel, verabschiedet sich kurz, geht ins Freie und muss feststellen: Es regnet tatsächlich. Der Lexikonverkäufer hat – ohne es zu wollen – eine zutreffende Aussage formuliert. Das kleine, frei erfundene Beispiel zeigt: Aussagen reichen über ihre Entstehungsbedingungen hinaus. Wir können sie unabhängig von den Umständen ihrer Entstehung betrachten – und in Diskussionen sollten wir genau das tun. Wir lassen uns daher auch nicht von Behauptungen wie diesen beeindrucken:

„Mit dieser Angelegenheit beschäftige ich mich seit langem. Sie können mir glauben, dass meine Thesen stimmen."

„Als Unternehmerin, die an ihre Gewinne denken muss, sind Sie natürlich daran interessiert, gegen die geplanten Sozialabgaben zu argumentieren." Das mag zwar stimmen, aber die Argumente der Unternehmerin könnten ja trotzdem bedenkenswert sein.

Angriffe auf die Person

Bevor wir uns mit der Frage beschäftigen, wie man auf genetische Fehlschlüsse richtig reagiert, werfen wir noch einen Blick auf die allseits beliebten persönlichen Angriffe. Denn genetische Fehlschlüsse gehen oft mit Angriffen auf eine Person einher. Und umgekehrt gilt: Wird ein Diskussionsteilnehmer angegriffen, dann kann dieser Angriff bei den übrigen Gesprächspartnern genetische Fehlschlüsse provozieren. Ja, die Wirkung einer persönlichen Attacke beruht genau darauf. Dabei ist es gleichgültig, ob diese Taktik mit voller Absicht eingesetzt wird oder eher irrtümlich geschieht. „Wer so wenig wie Sie von Physik versteht, sollte beim

Thema ‚Kernenergie' gar nicht erst mitreden." Eine solche Bemerkung veranlasst manche Diskussionsteilnehmer ungefähr so zu denken: „Herr Wichtig hat ja Recht; was weiß eine Biologin wie Martina schon über die Physik; deren Ansichten müssen wir wirklich nicht besonders ernst nehmen." Manche Attacken erscheinen ziemlich plausibel. Denken Sie nur einmal an Diskussionen über das Thema „Kindererziehung" Regelmäßig taucht dabei die kritisch gemeinte Frage auf: „Haben Sie denn selbst Kinder?" Wer diese Frage verneinen muss, hat fortan einen schwierigen Stand. Wir neigen nämlich zu dem Glauben, dass diejenigen, die keine eigenen Kinder haben, nicht richtig mitreden können – im 11. Kapitel werden wir auf dieses Problem zurückkommen. Ein anderes Beispiel: Moraltheologen und katholische Geistliche äußern sich gelegentlich – inzwischen seltener als früher – zu Fragen, die mit der Sexualethik zu tun haben, beispielsweise zur Treue bzw. Untreue in der Ehe. Viele Zeitgenossen denken, dass ein unverheirateter Priester, einer, der womöglich noch das Zölibat akzeptiert, überhaupt nicht kompetent dazu Stellung nehmen kann. Nun, dieser Gedanke mag ja wirklich nahe liegen. Trotzdem ist es auch in diesem Fall vernünftig, auf die Aussagen zu achten, falls man eine kritische Diskussion führen oder – beim Lesen von Texten – sorgfältig über die Behauptungen nachdenken will.

Wie reagieren wir vernünftig und zugleich wirkungsvoll auf genetische Fehlschlüsse und auf Attacken gegen die eigene Person? Der Antwort auf diese Frage nähern wir uns mit Hilfe einiger Beispiele:

A: „Wer so wenig wie Sie von Physik versteht, sollte beim Thema ‚Kernenergie' gar nicht erst mitreden."

B: „Woher wollen Sie eigentlich wissen, wieviel ich von Physik verstehe?"

A: „Das ist doch ganz einfach, Martina. Ein Blick auf Ihre Ausbildung genügt."

B: „Sie vergessen dabei, dass man keine einschlägige Ausbildung braucht, um etwas von Kernenergie zu verstehen. Es gibt viele Wege, sich in diese Thematik einzuarbeiten."

Was halten Sie von dieser Entgegnung? B reagiert nicht richtig; indem sie nämlich auf die Attacke eingeht, verlässt sie nicht nur das Thema, sondern gerät auch in die Rolle einer Diskussionsteilnehmerin, die sich *rechtfertigt*.

Auch ein *Gegenangriff* hat seine Tücken:

A: „Wer so wenig von Physik versteht wie Sie, sollte beim Thema ‚Kernenergie‘ gar nicht erst mitreden."

B: „Nun nehmen Sie aber den Mund ziemlich voll. Jeder hier weiß doch, wie oft Sie sich in der Vergangenheit bei fachlichen Fragen geirrt haben. Nicht ich, sondern Sie haben Schwierigkeiten damit, das Problem angemessen zu erörtern."

A: Jetzt versuchen Sie nur, von sich abzulenken."

Die häufig benutzte Redewendung „Bleiben Sie sachlich" verfehlt ebenfalls leicht ihr Ziel. Das hängt damit zusammen, dass Hinweise auf die Person ja tatsächlich sachlich richtig sein können.

A: „Um diese schwierigen Fragen angemessen zu erörtern, bedarf es jahrelanger Erfahrungen. Sie beschäftigen sich erst seit kurzem mit der ganzen Problematik."

B: „Das hat nichts mit unserem Thema zu tun. Bitte bleiben Sie sachlich."

A: „Sachlicher geht's doch nicht. Sie sind doch tatsächlich erst seit ein paar Wochen in unserer Abteilung."

Was also sollten wir tun? Grundsätzlich stehen uns zwei Möglichkeiten zur Verfügung.

1. Wir versuchen mit Nachdruck, die Aufmerksamkeit der Gesprächspartner auf die vorgebrachten Aussagen und auf das Problem zurückzuführen. Dazu dienen ein paar nützliche Formulierungen, die selten ihre Wirkung verfehlen – natürlich gibt es keine Garantie hierfür, aber *Sie sollten diese Redewendungen parat haben*:

„Bitte greifen Sie nicht mich, sondern meine Behauptung an."

„Kritisieren Sie nicht mich, sondern das, was ich gerade gesagt habe!"

Dieser Entgegnung können Sie auch eine leicht ironische Note verleihen:

„Nun, wenn Sie mich für so inkompetent halten, müsste es Ihnen ausgesprochen leicht fallen, meine Argumente zu entkräften. Bitte tun Sie genau das!"

2. In vielen Fällen genügt es sogar, den Angriff zu ignorieren. So sollten Sie immer dann vorgehen, wenn der Angriff und die durch ihn nahe gelegten genetischen Fehlschlüsse bei den anderen Gesprächspartnern keine Wirkung zeigen und die gesamte Diskussion ohnehin gut läuft. Sie demonstrieren damit zugleich, dass Sie es nicht für nötig erachten, den Fehlzug überhaupt ernst zu nehmen. In der Praxis ist es manchmal nicht ganz einfach, diese beiden Gegenstrategien anzuwenden. Es muss uns nämlich zuvor gelingen, genetische Fehlschlüsse und Angriffe zu erkennen. Außerdem fällt es zuweilen schwer, der Versuchung zu widerstehen, mit einigen rechtfertigenden Aussagen zu antworten. Zum Üben dient der folgende Ausschnitt einer Debatte, an der vier Personen teilnehmen: Anne, die gelegentlich auch moderiert, Peter, Sarah und Simon. Versuchen Sie die weniger gelungenen Diskussionsbeiträge ausfindig zu machen und umzuformulieren:

Sarah: „Peter und ich überlegen seit längerer Zeit, ob es Sinn macht, ins Internet zu gehen. Das Internet, so heißt es oft, wird unser aller Leben verändern. Ich bin aber der Meinung, dass es töricht ist, allen Veränderungen, allen Möglichkeiten, die unsere Welt so bietet, hinterherzujagen. Die Zeit, die andere am Computer verbringen, nutze ich lieber, um Bücher zu lesen, mit Leuten zu reden und Musik zu hören."

Peter: „Du stehst der Technik eher feindlich gegenüber. Das ist Dein Problem. Denk nur einmal an die vielen Möglichkeiten, die Dir helfen könnten, Zeit zu sparen. Wir erledigen Bankgeschäfte bequem und schnell zu Hause, und Du bestellst Deine Bücher zukünftig am Monitor."

Simon: „Stimmt es wirklich, Sarah, dass Du moderne Technologien ablehnst?"

Sarah: „Manche lehne ich ab, andere nicht. Ich sehe einfach die Nachteile, die das Internet mit sich bringt."

Simon: „Ich denke auch an unsere Kinder. Meine Tochter verbringt schon reichlich Zeit mit unserem Computer. Ich sehe sie schon stundenlang im Internet surfen. Dann reden wir noch seltener miteinander."

Anne: „Die Kinder erwerben dabei spielerisch Qualifikationen, die sie in einer Wissensgesellschaft brauchen."

Peter: „Genau, schon um der Kinder willen sollten wir uns vor den neuen Entwicklungen nicht verschließen. Simon teilt Sarahs Technikverdrossenheit. Er redet über Technologien, deren Möglichkeiten er gar nicht kennt."

Anne: „Mit Deinem Hinweis auf die tatsächliche oder vermeintliche Technikfeindlichkeit machst Du es Dir ein wenig zu einfach. Du solltest lieber auf die Bedenken eingehen und die Gegenargumente zu entkräften versuchen."

So verlaufen Gespräche und Diskussionen oft. Und im Bekanntenkreis wollen wir ja nicht immer strenge Maßstäbe anlegen. Da mag es uns interessieren, ob Sarah und Peter technikverdrossen sind. Aber klar ist auch: Anne hat mit ihrem moderierenden Hinweis Recht. Typisch an diesem Gesprächsverlauf ist, dass gleich zu Beginn Nebenwirkungen argumentativ ins Spiel gebracht werden. Das Internet raubt Zeit, die Kinder sitzen zu lange am Computer usw. Besser ist, erst einmal herauszuarbeiten, wofür das Internet gut ist, welche Ziele man damit erreichen will und ob die Ziele den eigenen Lebenszielen ganz oder teilweise entsprechen. Das hat auch Anne bemerkt; sie versucht jetzt, die Diskussion zu strukturieren:

Anne: „Lasst uns doch zunächst die Frage stellen, was wir mit dem Internet überhaupt erreichen wollen. Dann können wir auch klarer feststellen, ob das Internet hält, was es verspricht. Dazu gehört auch, die unerfreulichen Auswirkungen zu betrachten."

Peter: „Aber dann schließt sich gleich die Frage an, ob wir die möglicherweise ungünstigen Konsequenzen nicht vermeiden können."

Zurück zu den persönlichen Angriffen und den genetischen Fehlschlüssen! Normalerweise ignorieren wir sie also oder verwenden eine Formulierung, die von der Person weg- und zur Aussage hinführt. Doch es gibt Ausnahmen. In manchen Fällen steht unsere Integrität auf dem Spiel. Nehmen wir einmal an, dass jemand auf einer öffentlichen Veranstaltung den folgenden Vorwurf erhebt: „Mit dieser Stellungnahme wollen Sie die Wählerinnen und Wähler bewusst täuschen." Oder: „Das Gutachten ist tendenziös; Sie wollten offenbar Ihrem Auftraggeber einen Gefallen erweisen." Dann sollten Sie kurz dazu Stellung nehmen und zwar etwa so: „Ihre Behauptung trifft nicht zu, sie ist aus der Luft gegriffen, wie ich leicht zeigen könnte. Ich bemühe mich aber, beim Thema unserer Debatte zu bleiben. Richten Sie Ihre Argumente gegen meine Ausführungen!"

Die Neigung, argwöhnisch nach dem Ursprung von Aussagen zu fragen, nach unlauteren Motiven und finsteren Absichten, stört nicht nur in Diskussionen. Auch beim Lesen handeln wir uns damit meistens Nachteile ein. Interessante Aussagen nehmen wir nicht vollständig zur Kenntnis, weil wir über die dahinter stehenden Absichten grübeln. Der Soziologe Schulze empfiehlt, sich klarzumachen, „dass es zutiefst gleichgültig ist, *wer* etwas gesagt hat" (Schulze 1992[2]). Daran öfter zu denken, macht offen für die Inhalte.

Intentionalistische Fehlschlüsse

Intentionalistische Fehlschlüsse sind eine Teilmenge der genetischen Fehlschlüsse. Wir widmen ihnen hier einen eigenen Abschnitt, weil sie bei der Auseinandersetzung mit Kunstwerken eine besondere Rolle spielen. Ein intentionalistischer Fehlschluss unterläuft uns, wenn wir von den Absichten oder den Plänen einer Person auf die Qualität ihrer Produkte schließen, zum Beispiel auf die Qualität ihrer Bilder, ihrer Aussagen, ihrer Gedichte. Viele Menschen sind der Meinung, ein Kunstwerk verstehen und beurteilen zu können, sobald sie die Absicht (etwa die beabsichtigte Botschaft) des Künstlers kennen. Selbstverständlich spricht nichts dagegen, einen Künstler nach seinen Intentionen zu fragen, danach, was er beabsichtigt oder auch, was er ausdrücken will. Diese Informationen können wir beim Betrachten, beim Verstehen und beim Beurteilen eines Werkes *berücksichtigen*. Aber wir sollten sie nicht überschätzen. Nehmen wir an, jemand sagt uns, er wolle allein mit Farben die Illusion von Tiefe hervorrufen. Wir können dann fragen: Ist ihm das gelungen? Hat der Maler es geschafft, seinen eigenen Anspruch einzulösen? Um diese Fragen zu beantworten, müssen wir uns dem Bild selbst zuwenden. Wir betrachten es kritisch und stellen fest: Das Bild erzeugt nicht den Eindruck von Tiefe, der Künstler hat sein Ziel verfehlt. Trotzdem ist das Bild womöglich gelungen. Es gefällt uns, es berührt uns. Nicht nur Aussagen, auch Kunstwerke führen folglich ein gewisses Eigenleben. Wenn wir uns mit Kunstwerken auseinandersetzen, machen wir meistens zweierlei: Wir *interpretieren* sie und wir *bewerten* sie. Unsere Interpretation kann der Interpretation des Künstlers durchaus zuwider laufen. Ja, es kommt vor, dass die beste Interpretation eines Werkes der Deutung, die der Künstler selbst vornimmt, glatt widerspricht (Follesdal u. a. 1986).

Eine wertende Aussage ist zum Beispiel diese: „Mozarts italienische Opern sind die größten Musikwerke für die Bühne, die je geschrieben wurden." Hier wird der künstlerische Rang eines bzw. einer Reihe von Kunstwerken versuchsweise festgestellt. Inwieweit solche *ästhetischen Werturteile* auf vernünftige Weise diskutiert werden können, ist aber eine Frage, die wir in diesem Buch nicht weiter verfolgen.

Performative Widersprüche

Auch hierbei handelt es sich um eine Variante des genetischen Fehlschlusses, die allerdings eine beträchtliche Wirkung haben kann. Denken und Handeln bilden bei uns Menschen keineswegs immer eine Einheit. Häufiger passiert es, dass das, was wir sagen, nicht mit unseren Taten übereinstimmt. Genau diesen Umstand machen sich manche Diskussionsteilnehmer zunutze. Sie verweisen auf solche Widersprüche – auf performative Widersprüche –, um vorgetragene Thesen und Argumente zu schwächen. Wer aber dabei ertappt wird, anders zu reden als zu handeln, wirkt leicht unglaubwürdig. Die Bezugnahme auf performative Widersprüche hat zwar keine argumentative Kraft, dafür aber eine psychologische Wirkung. Selbstverständlich kann die Aussage einer Diskussionsteilnehmerin zutreffen, obwohl sie in ihrem Handeln die eigene Aussage nicht berücksichtigt. „Rauchen gefährdet die Gesundheit" – diese Behauptung stimmt unabhängig davon, ob sie von einer Kettenraucherin oder einem entschiedenen Gegner des blauen Dunstes vorgebracht wird. Es mag durchaus hilfreich sein, wenn uns jemand auf einen performativen Widerspruch hinweist. Vielleicht veranlasst uns dieser Hinweis, über das eigene Verhalten nachzudenken. Aber für eine kritische Prüfung oder Begründung von Aussagen sind performative Widersprüche ungeeignet. In Diskussionsprozessen reagieren wir auf performative Widersprüche mit der schon bekannten Methode, von der Person weg- und zur Aussage hinzulenken. Das will der Gesprächspartnerin (A) in dem folgenden kleinen Gesprächsausschnitt nicht so recht gelingen:

A: „Unsere Kinder sollten wir, wie schon gesagt, unter keinen Umständen schlagen ...“

B: „Ein Klaps auf den Hintern, eine kleine Ohrfeige oder sogar ein schneller Hieb mit dem Stock richten keine größeren Schäden an, aber sie disziplinieren die Kinder.“

A: „Ich trage noch einmal meine Gründe vor. Erstens: Wenn Eltern schlagen, sind sie schlechte Vorbilder. Sie sollten ihren Kindern aber zeigen, dass wir Schwierigkeiten auf andere Weise beheben können, zum Beispiel argumentativ oder mittels anderer Strafmaßnahmen, die Menschen nicht verletzen. Zweitens meine ich ...“

C: „Im Reden bist Du groß, Maria. Erinnerst Du Dich, wie Du neulich nach dem Kindergarten Deinen Tim nicht nur lauthals beschimpft, sondern ihm auch noch eine Ohrfeige verpasst hast.“

A: „Das war nur ein Ausrutscher bei mir. Sonst passiert mir so etwas nicht.“

B: „Ich weiß nicht, Du wirkst nicht sonderlich ausgeglichen, wenn Du mit Deinen Kindern zusammen bist.“

A: „Wir sind Menschen und machen mal Fehler.“

Mit Marias Rechtfertigungsversuch treten persönliche Merkmale und Verhaltensmuster stärker in den Vordergrund. Die Kontrahenten können weiter den performativen Widerspruch ausspielen. Wie würden Sie an Marias Stelle reagieren? Vielleicht hätte Maria es so versuchen sollen: „Alle meine zahlreichen Schwächen und Fehler gebe ich sofort zu. Aber das ist ja nicht der Punkt. Nicht um mich geht es, sondern um die Frage, ob es in bestimmten Situationen richtig ist, Kinder mit Ohrfeigen und ähnlichem zu bestrafen. Vier Argumente habe ich dagegen vorgebracht. Stimmen die nun oder nicht?“

Um zu verstehen, welches Missverständnis den naturalistischen Fehlschlüssen zugrunde liegt, müssen wir auf unsere Aussagenklassifikation zurückgreifen. *Es ist nicht möglich, aus einer informativen eine normative Aussage abzuleiten* – einfach deshalb, weil in den informativen Aussagen ja keine normativen Anteile enthalten sind. Folglich lassen sich auch keine normativen Aussagen daraus gewinnen. Wer trotzdem versucht, die Kluft zwischen informativen und normativen Aussagen auf eine unzulässige Weise zu überbrücken, begeht einen naturalistischen Fehlschluss, wie schon der englische Philosoph David Hume (1711–1776) feststellte. (Hume benutzte diesen Begriff zwar nicht, aber er sah das Problem.) Diskussionsteilnehmer legen oft solche Fehlschlüsse nahe, indem sie auf Ereignisse und Prozesse in der Wirklichkeit hinweisen – also informative Aussagen formulieren –, die sozusagen von Natur aus wertgeladen, in irgendeiner Weise ethisch bedeutsam sind. „Wozu haben Sie Ihre Gebärmutter? Wir Menschen sind nun einmal natürlicherweise so eingerichtet, dass wir Kinder bekommen." Eine derartige Bemerkung legt den Schluss nahe: Weil die biologischen Voraussetzungen es ermöglichen, Kinder auf die Welt zu bringen, *sollten* wir das auch tun. Aber in einem Gespräch, in dem es um die Frage geht „Sollen wir uns ein Kind zulegen?", brauchen wir Argumente, die von der biologischen Tatsache unabhängig sind, Argumente, die mit unseren Vorstellungen von einem gelingenden Leben zusammenhängen. Überhaupt ist Vorsicht geboten, wenn „die Natur" oder die „Natürlichkeit" bzw. „Unnatürlichkeit" einer Sache oder eines Verhaltens beschworen werden. *Die Berufung auf die Natur ist trügerisch.* „Es ist unnatürlich, Verhütungsmittel zu benutzen." Wer so etwas behauptet, will meistens ein *Werturteil* nahelegen. „Unnatürlich" heißt dann „nicht gut", während der Ausdruck „natürlich" positive Bewertungen evoziert. Eine brillante Auseinandersetzung mit diesem Argumentationsmuster verdanken wir dem englischen Philosophen John Stuart Mill (1806–1873). Mill zeigt, dass wir zuvor schon ein Werturteil gefällt bzw. bestimmte normative Aussagen akzeptiert haben, wenn wir etwas als natürlich oder unnatürlich deklarieren. Aus der Fülle natürlicher Ereignisse und Prozesse wählen wir ein paar aus, die wir gut finden. Das ist, wie Mill feststellt, eine voraussetzungsreiche, werteorientierte Wahl. Denn viele Sachverhalte, die uns schrecklich vorkommen, treten ständig in der Natur auf (z.B. Krankheiten, Vulkanausbrüche, Erdbeben). „Fast alles, wofür die Menschen, wenn sie es sich gegenseitig antun, gehängt oder ins Gefängnis geworfen werden, tut die Natur so gut wie alle Tage" (Mill 1984, S. 30).

Es geht aber überhaupt nicht um die Frage, ob eine Sache oder ein Verhalten natürlich ist. Vielmehr wollen wir herausfinden, welche Werturteile wir vernünftigerweise fällen können und wie wir uns verhalten sollen. Das müssen wir in Diskussionen klarstellen. Falsch dagegen argumentieren wir, sobald wir versuchen, etwas als „natürlich" zu rechtfertigen. Denn was ist schon natürlich – eine Brille zu tragen, Müsli zu essen, Sport zu treiben? Lassen Sie sich also vom „Pathos der Natürlichkeit" (Birnbacher 1999) nicht beeindrucken.

Manchmal verwenden wir auch Begriffe, die wertend klingen und die Werturteile provozieren: „Ausländerfeindlichkeit" „Krebs", „Hektik". Begriffe selbst können trivialerweise keine normativen Aussagen enthalten – schließlich sind es ja nur Begriffe und keine Sätze, aber sie verweisen auf Tatbestände und Prozesse, die wir gerne spontan bewerten. Wichtig ist, dass diese Wertungen nicht zwangsläufig mit dem Begriff erfolgen müssen. Ein rechtsradikaler Politiker erklärt und beschreibt die Ausländerfeindlichkeit nicht nur anders als ein Vertreter demokratischer Parteien; er bewertet sie womöglich auch anders, er hält sie vielleicht für eine gute Sache.

Hinter dem Hinweis auf die Natürlichkeit oder die Unnatürlichkeit verbirgt sich manchmal auch der Versuch, auf Nebenwirkungen aufmerksam zu machen. Verschaffen Sie sich Klarheit! Finden Sie heraus, was mit diesen vagen Argumenten gemeint sein könnte und vermeiden Sie Debatten über den Ausdruck „natürlich" bzw. „unnatürlich":

A: „Ist es nicht unnatürlich, sein eigenes Kind nicht zu stillen?"
B: „Wieso, was wir tun oder lassen hängt doch von unseren Wünschen und Zielen ab. Das Ziel, eine berufliche Karriere fortzusetzen, mag eine Frau veranlassen, auf das Stillen zu verzichten."

A: „So meine ich das gar nicht. Ich denke daran, dass dieses Verhalten gesundheitliche Risiken birgt, für das Kind, vielleicht auch für die Frau."

B: „Ach so! Es geht Ihnen um die Konsequenzen dieser Entscheidung, um die Nebenwirkungen, die Risiken."

A: „Ja, genau."

Faule Tricks

Trick Nr. 1: Die Entweder-Oder-Taktik

Beim Diskutieren, beim Zuhören und beim Lesen begegnet uns öfter die Entweder-Oder-Taktik. Sie wird eingesetzt, um die Adressaten zu einer bestimmten Entscheidung zu veranlassen, und läuft darauf hinaus, den Gesprächspartner mit einem *Dilemma* zu konfrontieren. Es scheint nur noch eine Möglichkeit zu bleiben: „Wenn wir diese Maßnahme nicht durchführen, ist alles verloren." Wer will schon alles verlieren; also bleibt, oberflächlich betrachtet, nur noch die genannte Maßnahme übrig. „Entweder unterstützen Sie unsere Partei oder Sie sind nicht wirklich für den Frieden." Aber wer möchte als jemand dastehen, dem der Frieden nicht am Herzen liegt? Eigentlich ist die Sache leicht zu durchschauen. Tatsächlich aber fallen viele Leute auf dieses Manöver herein. Das mag auch daran liegen, dass der „Alternativ-Radikalismus" (Albert, 1980[4]) häufig getarnt wird. Nicht immer verwenden die Entweder-Oder-Strategien die verräterischen Wörter „entweder" und „oder": „Wenn Sie unsere Partei nicht unterstützen, dann sind Sie nicht wirklich für den Frieden." Diese Aussage klingt so, als ob ein Zusammenhang in der Wirklichkeit erläutert wird, eine Wenn-Dann-Beziehung. „Wer den Frieden ernst nimmt, muss unsere Partei unterstützen." Auch diese Behauptung kommt ohne das verräterische „Entweder-Oder" aus. Vorsicht ist also geboten. Allerdings sollten Sie nicht von vornherein eine böse Absicht hinter solchen Aussagen vermuten. Oft genug ist den Gesprächspartnern gar nicht klar, was sie tun. Menschen neigen dazu, Dichotomien zu bilden, schwarz-weiß zu malen. Der Verhaltensforscher Konrad Lorenz nannte vor Jahren diese Tendenz den „Irrtum gegensätzlicher Begriffsbildung" (Lorenz 1973), der nicht nur im Rahmen der Entweder-Oder-Strategie eine Rolle spielt, sondern darüber hinaus bei der Darstellung von Wirklichkeiten überhaupt: Mensch und Tier, Gut und Böse, Freund und Feind, Geist und Körper sind hierfür Beispiele. Gerne übersehen wir das Gemeinsame bei diesen Gegenüberstellungen und auch die Übergänge sowie – wenn es um Entscheidungen geht – die sonst noch vorhandenen Optionen. Den Entweder-Oder-Formulierungen liegen also, gewollt oder ungewollt, grobe Vereinfachungen der tatsächlichen Gegebenheiten zugrunde. Folglich besteht der vernünftige Gegenzug darin, *an das zu erinnern, was durch die Entweder-Oder-Behauptung ausgeblendet wird.* Gegenüber hartnäckigen Anwendern dieses Manövers ist es hilfreich, auf das Entweder-Oder-Dilemma aufmerksam zu machen, besonders in den Fällen, in denen die Formulierungen das Manöver verschleiern.

A: „Wenn Sie die Verbraucher nicht vergiften wollen, müssen Sie die von uns vertretene ökologische Landwirtschaft betreiben."

B: „Wer will schon Menschen vergiften? Bei jeder Produktion, auch bei der Produktion von Lebensmitteln, treten unerwünschte Nebenwirkungen auf. Es kommt darauf an, diese rechtzeitig zu erkennen und nach Möglichkeit einzuschränken."

A: „Nennen Sie es doch, wie Sie wollen. Auf jeden Fall müssen Sie Farbe bekennen. Wollen Sie nun eine gesunde Umwelt ..."

B: „Mit Ihrem entweder so oder so stellen Sie die Sache zu einfach dar. In Wahrheit haben wir doch mehr Optionen, und um eine davon geht es in dieser Runde, nämlich um den integrierten Landbau. Lassen Sie mich darauf zurückkommen. Auf die Nachteile Ihres Vorschlags will ich später eingehen."

Entweder-Oder-Figuren begegnen uns auch in Texten. Einige Philosophen wollen beobachtet haben, dass die Theologen gerne damit arbeiten. Hans Küng zum Beispiel schreibt:

„Entweder ich halte die Wirklichkeit für vertrauenswürdig und verlässlich – oder nicht; entweder ich lasse mich grundsätzlich auf sie ein – oder nicht." Einige Zeilen später relativiert Küng seine Entgegensetzung wieder: „Ein grundsätzliches Vertrauen in die Wirklichkeit schließt ein Misstrauen im Einzelfall keineswegs aus" (Küng 1979, S. 24). Hierbei muss man überlegen, ob Verlässlichkeit, ob Vertrauenswürdigkeit nicht doch eher graduelle Angelegenheiten sind. Personen, Dinge, Wirklichkeiten sind mehr oder weniger verlässlich, mal so und mal anders. Ein anderes Beispiel: Der Theologe Karl Rahner schreibt über das „ewige Geheimnis":

„Wenn man ihm sich nicht liebend ergibt, kann man es nur empört leugnen, wenn man sich die Zeit dazu nimmt, oder man kann es verdrängen …" (Rahner 1982, S. 297). Dieser Autor scheint seinen Leserinnen und Lesern immerhin drei Möglichkeiten einzuräumen: liebende Ergebung, empörte Leugnung (bei entsprechendem Zeitaufwand), Verdrängung. Auch hier liegt es nahe, nach weiteren Optionen Ausschau zu halten. Lassen Sie sich nicht erpressen! So ist es unter anderem möglich, die Gotteshypothese (nach zeitraubender Beschäftigung damit) zurückzuweisen, ohne sich dabei zu empören oder sonstwie aufzuregen. Manche Leute halten sich die Entscheidung über diese Annahme auch offen; sie wissen nicht, ob sie zustimmen können. Andere wiederum vertreten die Ansicht, derartige religiösen Thesen seien schlicht Glaubenssache und keine Gegenstände für eine vernünftige Auseinandersetzung.

Nicht nur beim Diskutieren und Lesen ist es von Vorteil, solche Entweder-Oder-Dilemmata zu durchschauen und zu vermeiden. Auch beim Nachdenken, wenn wir einen „inneren Dialog" führen, sollten wir gelegentlich prüfen, *ob wir uns selbst eine Falle gestellt*, ob wir uns in die Entweder-Oder-Klemme gebracht haben.

Die Entweder-Oder-Strategie hat zwar keine argumentative Kraft, aber eine psychologische Wirkung. Sie bringt so manche Diskussion ins Stocken. Wie die anderen Fehler und Tricks büßt sie ihre Wirkung ein, sobald wir sie durchschauen und mit vernünftigen Argumenten zurückweisen.

Trick Nr. 2: Aussagen entstellen

Des öfteren machen wir die Erfahrung, dass ein Kontrahent unsere Aussagen zwar aufgreift, diese aber verzerrt wiedergibt. Auch dahinter verbirgt sich keineswegs immer eine üble Absicht. Richtig zuhören will gelernt sein. Manchmal – vor allem in schwierigen Diskussionen mit Publikum – sind Diskussionsteilnehmer zu sehr mit ihren eigenen Gedanken und Argumenten beschäftigt, gilt es doch, diese an den Mann bzw. die Frau zu bringen. Diese Haltung ist auf jeden Fall heikel; denn wer nicht zuhört, hat wohl kaum eine Chance, angemessen auf die Argumente, die Fehler und Tricks der anderen einzugehen. Wer eine Aussage (oder ein Bündel von Aussagen) umdeutet, tut dies oft mit der Absicht, der für ihn unbequemen Behauptung auszuweichen. Eine entsprechend entstellte These lässt sich leichter vom Tisch wischen. Dieses Abwehrmanöver hängt häufig mit der mangelnden Bereitschaft zusammen, kritische Argumente zur Kenntnis zu nehmen und die eigenen Überzeugungen zu hinterfragen. Statt einer ernsthaften Prüfung gegnerischer Ideen und Argumente erleben wir oft, wie die Leute ängstlich an ihren eigenen Überzeugungen festhalten (Böhme 1992). Persönliche Unsicherheit mag hierbei eine Rolle spielen und die Angst, widerlegt zu werden. Und diejenigen, die es sich nicht leisten können, die eigene Meinung in Frage zu stellen, werden sich davor hüten, andere Auffassungen zu verstehen (Schlüter-Kiske 1987, S. 146). Wie verhalten wir uns, wenn ein Gesprächspartner unsere Aussagen umdeutet? Weil die verzerrten Behauptungen schnell in den weiteren Verlauf der Diskussion eingehen können und dabei womöglich weitere Folgerungen nach sich ziehen, *ist Eile geboten*. Falls ein Moderator anwesend ist, bitten Sie ihn rasch um die Gelegenheit, die falsch zitierten Thesen richtig zu stellen. Ansonsten ergreifen Sie einfach das Wort. Zögern Sie nicht! Sie steigern die Wirkung Ihres Redebeitrages, wenn Sie eine Ankündigung verwenden, zum Beispiel so: „Die These, die Sie gerade zurückweisen, entspricht gar nicht der These, die ich zuvor aufgestellt habe. Meine These lautet: (kleine Pause) ... Bitte zeigen Sie uns, was *daran* nicht stimmt."

Trick Nr. 3: Ausweichen in Details

Es gibt noch eine weitere Möglichkeit, vernünftige Auseinandersetzungen mit unbequemen Positionen zu vermeiden: die *Flucht ins Detail*. Statt die zentralen Thesen und die wichtigsten Argumente aufzugreifen, verstehen sich manche Gesprächspartner darauf, eine Debatte über eher nebensächliche Fragen zu führen. Dies kann mit großem Ernst geschehen, so dass bei den anderen der Eindruck entsteht, es wurde eine für das Thema wichtige Angelegenheit behandelt. Dieser Täuschung erliegen wir weniger leicht, wenn wir uns von Zeit zu Zeit an die Grundregel Nr. 1 erinnern. Wir fragen still uns selbst, ob die vorgetragenen Argumente zur Problemlösung beitragen, ob sie für die Themenstellung wirklich wichtig sind. Nennen wir auch hier ein Beispiel, um die Detail-Strategie zu verdeutlichen. Eine Biologin hält ein Referat über die Vor- und Nachteile verschiedener Schädlingsbekämpfungsmaßnahmen im Gartenbau. Nebenbei erwähnt sie, dass sie auf ihrer Fahrt zum Ort der Veranstaltung folgendes beobachtet hat: „Ein Berufskollege von Ihnen verwendet doch tatsächlich eine schadhafte Düse, mit der er Insektizide versprüht. Statt eines Sprühnebels konnte ich schon von weitem einen Wasserstrahl erkennen. Stellen Sie sich vor, so etwas gibt es noch immer."

Diese Randbemerkung, die im Redebeitrag der Biologin keine besondere Rolle spielt, greift nun ein Diskussionsteilnehmer auf: „Sie müssen sich irren. Unser Fachverband führt regelmäßig Kontrollen durch, freiwillige Kontrollen, die die Qualität unserer Arbeit sichern." „Genau", ergänzt eine Berufskollegin, „und dazu gehören auch regelmäßige Wartungsarbeiten und Tests der Arbeitsgeräte." Jetzt heißt es aufpassen; denn es besteht das Risiko, an diesem Detail kleben zu bleiben. Wie reagieren wir in solchen Situationen richtig? Gerne erliegen wir der Versuchung, Recht behalten zu wollen. Die Biologin hat vielleicht sogar die Fahrt kurz unterbrochen und das mangelhafte Spritzgerät genau gesehen. Trotzdem ist es unklug, die Behauptung aufrecht zu erhalten. Betonen Sie statt dessen, dass die Angelegenheit für Ihre Argumentation nicht wichtig ist. Machen Sie den Vorschlag, die Antwort auf die Frage, wer die richtige Aussage vorgebracht hat, einfach offen zu lassen: „Hierbei handelt es sich doch um eine Nebensache. Vielleicht haben Sie recht, vielleicht auch nicht. Lassen Sie uns lieber auf die Hauptsache zurückkommen, nämlich auf meine Thesen über die Vor- und Nachteile der verschiedenen Methoden. Bei der Methode, der Sie den Vorzug geben, sehe ich drei Nachteile. Darauf sollten wir uns konzentrieren."

Trick Nr. 4: Definitionen-Abfrage

Die Definitionen-Abfrage bereitet vor allem denjenigen Schwierigkeiten, die Begriffe zu ernst nehmen. Die Ausführungen im
6. Kapitel dieses Buches helfen Ihnen dabei, mit Definitionen-
Abfragen besser zurechtzukommen. In einem Rhetorik-Buch
heißt es: „Zwingen Sie Ihren Gesprächspartner, seine Begriffe zu
definieren. Sie werden feststellen, wie leicht er in Verwirrung gebracht werden kann" (Ruhleder 1982², S. 201). Lassen Sie sich also nicht verwirren! Natürlich kommt es vor, dass ein Gesprächspartner einen Ausdruck nicht kennt oder nicht richtig versteht.
Dann sollten Sie – ohne viel Aufhebens zu machen – den Begriff
kurz umschreiben, um sogleich die Aufmerksamkeit auf den *Sinn
der Aussagen* zu lenken. Richtige *Definitionen-Abfrager*, die die
Taktik bewusst einsetzen, erkennen Sie meistens an der Vorliebe
für bestimmte Redewendungen: „Was wollen Sie eigentlich mit
diesem Begriff sagen?"„Können Sie das mal richtig definieren?"

Jedoch nicht immer verbirgt sich dahinter eine Strategie, wenn
jemand nach Begriffen fragt. „Was verstehen Sie denn unter Gerechtigkeit?" Eine solche Frage *kann* eine Frage nach den Zielen
sein, danach, wie die Wirklichkeit gestaltet werden *sollte*. In solchen Fällen ist es ratsam, wie wir im 6. Kapitel schon gesehen haben, positiv bewertete Zustände zu schildern und nicht – oder
nicht in erster Linie – Begriffe zu erläutern. Weisen Sie in Diskussionen darauf hin, dass Ihnen die zur Debatte stehenden Probleme wichtiger sind als sprachliche Erläuterungen.

Trick Nr. 5: Gegenfragen

Hier handelt es sich um einen Grenzfall; manchmal ist es nämlich
durchaus richtig, auf eine Frage mit einer Gegenfrage zu reagieren. Beispielsweise kann eine Frage nicht ganz klar sein, und dann
hilft womöglich eine Anschlussfrage weiter. Doch es gibt Leute,
die in irgendwelchen Büchern gelesen haben: Wer fragt, der führt.
Deshalb meinen Sie, mit einer Gegenfrage der Frage zu entkommen und dabei (wieder) die Führung zu übernehmen. Sie erkennen nicht, dass Fragen Ausgangspunkte für eine Diskussion sein
können. Lassen Sie sich nicht vom Thema abbringen! Bestehen
Sie auf Ihren Fragen! Bei einigen Gesprächspartnern sind Gegen-

fragen leider zu einer regelrechten Manie geworden, die eine läh-
mende Wirkung hat.

Trick Nr. 6: „Ja, aber"

Auch hierbei handelt es sich um einen Grenzfall. In manchen
Büchern werden „Ja, aber"-Formulierungen als eine Methode der
Einwandbegegnung dargestellt. Wenn ein Gesprächspartner einen
Einwand vorbringt, reagieren die „Ja, aber"-Strategien zunächst
mit einer taktischen Zustimmung, der sich eine Entgegnung an-
schließt. Tatsächlich stimmen wir in vielen Fällen einem Diskussionsteilnehmer nur teilweise zu, wir ergänzen sein Argument
oder korrigieren es. Dann sagen wir zum Beispiel: „Ja, da ist etwas
dran, allerdings müssen wir auch x berücksichtigen." Aber hartge-
sottene Anhänger dieser Methode geben uns zunächst Recht und
bringen sofort danach eine entgegengesetzte Behauptung ins Spiel.
Dadurch verliert eine Debatte an Klarheit. Stellen Sie in solchen
Fällen die Klarheit wieder her! Zeigen Sie Ihrem Gesprächspartner, dass Sie das Manöver durchschauen: „Sie stimmen meinem
Argument also nicht zu, ich gehe gern auf Ihren Einwand ein."

Immunisierungsstrategien – nur nicht die
Nerven verlieren

*Alle Immunisierungsstrategien dienen dem Ziel, Aussagen vor
kritischen Argumenten zu schützen.* Solche Strategien kommen
vor allem dann zum Zuge, wenn es um liebgewordene Überzeugungen geht. Wahrscheinlich hat jeder von uns ein paar Überzeugungen von dieser Sorte, Überzeugungen, an denen wir wirklich
hängen. Begreiflicherweise fällt es schwer, diese einer kritischen
Prüfung zu unterziehen. Aber was schwer fällt, ist noch lange
nicht unmöglich. Doch es gibt Menschen, bei denen die Hoffnung, eine bestimmte Auffassung möge wahr sein, so groß ist,
dass sie nicht mehr in der Lage sind, darüber mit einer gewissen
Distanz zu diskutieren. Die Option, Person und Aussagen zu
entkoppeln, steht ihnen nicht mehr offen. Die Sehnsucht nach
Gewissheit, nach unerschütterlichen Überzeugungen hat die
Oberhand gewonnen. Dann werden Immunisierungsstrategien

auch nicht mehr als solche erkannt – im Gegenteil, sie geben denen, die sie verwenden, sogar das Gefühl, Recht zu behalten. Solche Diskussionsteilnehmer unterscheiden sich von denjenigen, die ganz bewusst derartige Verfahren benutzen, und genau wissen, was sie tun. Letztere merken daher auch, wenn ihre Taktik durchschaut wird. Fragen wir nun, mit welchen Verfahren der Immunisierung wir rechnen müssen und wie es uns gelingt, überzeugend darauf zu reagieren.

Vage und schwärmerisch formulieren

Eine Methode besteht darin, Aussagen möglichst vage zu formulieren. Wenn nämlich nicht so genau klar ist, was eine Aussage über die Wirklichkeit behauptet, fällt es begreiflicherweise schwer, diese zu überprüfen. Weltanschauungen, die nicht zuletzt durch Erkenntnisfortschritte stets gefährdet sind, enthalten oft Mehrdeutigkeiten, die Spielräume für Interpretationen offen lassen. *Grundsätzlich können diejenigen, die vage oder auch widersprüchliche Behauptungen vorbringen, nicht widerlegt werden.* Zuweilen gelingt es sogar, diese Immunität gegenüber der Kritik als einen Vorzug darzustellen. Sobald Sie den Eindruck gewinnen, dass ein Gesprächspartner vage formuliert, um Ihren Argumenten auszuweichen, sollten Sie nachfragen: „Das habe ich nicht ganz verstanden. Was genau behauptet Ihre These über die Wirklichkeit?" Eine weitere wichtige Frage können Sie beispielsweise so formulieren: „Sehen Sie selbst eine Möglichkeit, Ihre These kritisch zu prüfen? Halten Sie sie auch noch aufrecht, wenn wir x beobachten oder wenn y eintrifft?"

Es gibt Leute, die gerne ins Schwärmen geraten; das ist in manchen Situationen ganz angemessen – etwa beim Anblick bestimmter Landschaften auf Mallorca oder wenn wir einem Menschen begegnen, der uns hinreißt. Beim Diskutieren allerdings verbergen schwärmerische Formulierungen oft die Vagheit dessen, was gerade behauptet wird. Wenn wir ihrem Zauber erliegen, vergessen wir rasch, dass Schwärmereien keine Argumente ersetzen. Die menschliche Freiheit, so lesen wir in einem Buch über die marxistische Wirtschaftstheorie, „ist weder die absolute Ruhe noch das ‚vollkommene Glück'; sie ist vielmehr, nach Jahrtausenden menschenunwürdiger Konflikte, der Beginn des wirklichen ‚menschlichen Dramas'. Sie ist eine Hymne zum Ruhme des Menschen, gesungen von Menschen, die sich ihrer Grenzen bewußt sind und aus diesem Bewußtsein den Mut schöpfen, sie zu überwinden" (Mandel 1970, S. 738).

Mit Begriffsmonstern argumentieren

Dass wir den Begriffen nicht zuviel Bedeutung beimessen dürfen, haben wir im 6. Kapitel erörtert. Manche Begriffe machen eine erstaunliche Karriere, sie werden zu Ungeheuern. Ungeheuer (Monster) sind Wesen, die uns im wahrsten Sinne des Wortes erschlagen können. Begriffsmonster erschlagen uns beim Diskutieren; unter ihrem Gewicht brechen zwar keine Personen, aber dafür Aussagen zusammen. Es handelt sich um Begriffe, die eine Zeit lang in aller Munde sind, Schlagworte, die Assoziationen auslösen, die Diskussionsteilnehmer zum Verstummen bringen. Als der Marxismus in der Bundesrepublik in hoher Blüte stand (in den sechziger und siebziger Jahren) entwickelte sich der Begriff „Entfremdung" zu einem Monster. Viele verwendeten ihn in dem Bewusstsein, damit etwas Wichtiges zu sagen. Da Entfremdung schlimm ist, kam es damals darauf an, die Entfremdung aufzuheben. Wenn in Diskussionen jemand auf die Entfremdung hinwies, verstummten die einen, während sich die anderen empörten. „Sexistisch" – das ist offensichtlich auch schlimm. Wer darauf hinweist, dass eine Behauptung sexistisch ist, provoziert womöglich einen genetischen Fehlschluss. „Modernisierung" – das kennt ebenfalls jeder. Begriffsmonster sind aber leicht zu bändigen; wir dürfen nur nicht vergessen, uns an Aussagen zu orientieren. Pauschale Hinweise auf die Notwendigkeit einer Modernisierung zum Beispiel lassen wir nicht durchgehen. Wir fragen nach: „Warum ist die Modernisierung notwendig?" „Welche Ziele sollen damit erreicht werden?" Oder: „Können Sie den Prozess der Modernisierung etwas genauer beschreiben?"

Eine privilegierte Position haben

Ein Ärgernis besonderer Art sind die Dogmatiker. Sie nehmen für sich eine privilegierte Position in Anspruch. Sie suchen nicht nach der Wahrheit, sie haben sie schon in der Tasche. Dogmatisch zu sein ist durchaus eine Sache des Grades. Manche halten ein ganzes Ideengebäude für unumstößlich, andere beanspruchen lediglich für einige Kernannahmen absolute Gewissheit, wiederum andere befinden sich in einer überlegenen Stellung, weil sie die richtige Methode gefunden haben oder über sonstige privilegierte Zugänge zur Wahrheit verfügen. In einem (1923 erstmals erschienenen) Kultbuch der sechziger Jahre steht geschrieben: „Orthodoxie in Sachen des Marxismus bezieht sich ausschließlich auf die *Methode*. Sie ist die wissenschaftliche Überzeugung, daß im dialektischen Materialismus die richtige Forschungsmethode gefunden wurde, daß diese Methode nur im Sinne ihrer Begründer ausgebaut, weitergeführt und vertieft werden kann" (Lukács 1970, S. 59). Wer diese Methode mit kritischen Argumenten attackiert, befindet sich demnach von vornherein in einer schlechten Position. Vielleicht hat er die Methode nicht richtig verstanden, vielleicht – und da wird es brenzlig – ist er aber auch ein Gegner der richtigen Methode, gar ein Feind der guten Sache. Ein Beispiel hierfür behandelt Schleichert in seinem Buch „Wie man mit Fundamentalisten diskutiert". Der Theologe Karl Rahner schreibt über den „Häretiker", den Ketzer also, der vom rechten Glauben abweicht: „Er ist der Gefährlichste: er bekämpft die wirkliche und endgültige Wahrheit" (vgl. Schleichert 1997, S. 70–71). Und in seinem „Grundkurs des Glaubens" behauptet Rahner folgendes. Der Mensch besitzt die Freiheit, sich für oder gegen Gott zu entscheiden. (Beachten Sie das Entweder-Oder, die Reduktion auf zwei Möglichkeiten.) Doch eine der Entscheidungen, nämlich die gegen Gott, „diese Möglichkeit der Freiheit ist immer auch das gleichzeitig Mißglückte, Mißratene, Steckenbleibende ..." (Rahner 1984, S. 109).

Wie aber diskutiert man mit Leuten, die sich anmaßen, die einzig richtige Entscheidung getroffen zu haben, die sich im sicheren Besitz der Wahrheit wissen? Versuchen wir es doch einmal:

A. „Sie behaupten also, der Mensch habe die Freiheit, sich für oder gegen Gott zu entscheiden?"

B: „Ja, der Mensch als Wesen der Freiheit hat grundsätzlich diese Möglichkeit."

A: „Ich sehe aber noch eine dritte Möglichkeit, nämlich die Entscheidung offen zu halten, erst weitere Argumente zu bedenken, sich überhaupt mehr mit der ganzen Angelegenheit zu beschäftigen."

B: „Nun ja, damit verzögern Sie die Entscheidung, an der Sie letztlich nicht vorbeikommen."

A: „Und was ist mit denjenigen, denen die Frage nicht so wichtig ist, die es vorziehen, sich gar nicht zu entscheiden?"

B: „Aber das ist eine Entscheidung! Diese Menschen haben sich Gott nicht geöffnet. Damit will ich aber nicht sagen, dass das weitere Schicksal dieser Menschen schon entschieden ist."

A: „Also scheint es zumindest die Möglichkeit zu geben, diese Entscheidung ein bißchen zu vertagen."

B: „Eines sollten wir im Auge behalten: Es handelt sich um eine absolut ernste Entscheidung, eine Entscheidung von existentieller Bedeutung."

A: „Aber doch nur, wenn Ihre Voraussetzung zutrifft, wenn Ihre These über Gott stimmt, wenn Ihre ganz spezielle Gottes-Vorstellung, die sich von den Vorstellungen anderer Glaubensrichtungen unterscheidet, tatsächlich zutrifft."

B: „These ist hierfür ein etwas zu schwaches Wort. Die Entscheidung für Gott ist ein Sich-Öffnen. Unser Reden von Gott beruht auf einem absoluten Grund."

A: „Halt! Jetzt setzen Sie ja schon wieder voraus, worüber wir vernünftig diskutieren sollten. Dass die Entscheidung für Gott ein Sich-Öffnen ist, wie Sie vermuten, dass Ihre Rede auf einem absoluten Grund beruht – das sind Annahmen, die zur Debatte stehen."

B: „Sie benutzen schon wieder diese unzutreffenden Ausdrücke ‚Annahme', ‚Vermutung'.

A: „Tatsache ist doch: Wir stehen unterschiedlichen, konkurrierenden Glaubensvorstellungen gegenüber, und das gilt auch für die Theologen selbst, die professionell über Gottesbilder nachdenken."

B: „Ja gut, da haben Sie recht. Zur Situation des modernen Menschen gehört ein nicht mehr überholbarer Pluralismus von Theologien."

A: „Also, trotz des mutmaßlichen absoluten Grundes haben wir unterschiedliche Aussagen. Die können wir miteinander vergleichen, wir können versuchen, die plausibelsten ausfindig zu machen. Und wir können fragen, inwieweit die diversen Gottesbilder, Theologien etc. mit dem Stand der heutigen wissenschaftlichen Erkenntnisse in Einklang zu bringen sind."

Wie wird die Auseinandersetzung wohl weitergehen? Manche Gesprächspartner vertreten die Ansicht, über Glaubensfragen könne man ohnehin nicht diskutieren. Auch auf diese Weise lässt sich eine Immunität herstellen. Denn wenn tatsächlich bestimmte Glaubensinhalte prinzipiell nicht diskutierbar sind, bricht jede kritische Auseinandersetzung zusammen, noch bevor sie richtig begonnen hat. Mit diesem Problem sollten wir uns daher noch ein wenig beschäftigen.

Alles eine Frage des Glaubens

Sicher ist Ihnen aufgefallen, dass der Gesprächspartner B für seine zentralen Aussagen eine *besondere Geltung* beansprucht. A dagegen macht den Vorschlag, die weltanschaulichen Thesen von B wie gewöhnliche Aussagen zu behandeln, die mit Argumenten verteidigt oder kritisiert werden können. Nur so ist es auch möglich, Thesen mit wissenschaftlichen Erkenntnissen zu vergleichen, wie A am Ende des kleinen Gesprächsausschnittes fordert. Der besondere Status, den B für seine Behauptungen ins Feld führt, ist ein Versuch, solche kritischen Vergleiche abzuwehren oder zumindest die Grenzen einer kritischen Auseinandersetzung aufzuzeigen. Nun ist aber auch die Überzeugung, dass es „Glaubensfragen" gibt, die einer argumentativen Auseinandersetzung nicht – oder eben nur begrenzt – zugänglich sind, eine These. Bereits diese These können wir hinterfragen. Sie muss ja nicht stimmen. Betrachten wir zunächst einige Argumente, die für diese These vorgebracht werden.

Die *erste Argumentationsstrategie* ist die, die der Gesprächspartner B im Dialog auf Seite 88/89 anwendet. Er verweist auf eine ganz besondere *Quelle* seiner Überzeugungen, eine Quelle, die die Wahrheit verbürgt. Solche Quellen können besondere Erfahrungen sein (vgl. Kap. 10), heilige Texte und Personen. Falls Ihnen jetzt die genetischen Fehlschlüsse in den Sinn kommen, liegen Sie richtig. Denn der Rückgriff auf die besondere Herkunft von Aussagen ist mit dieser Problematik belastet. Beispiele für solche Erfahrungen, die als unabweisbar empfunden werden, sind Erlebnisse während einer spiritistischen Sitzung oder Todesnähe-Erfahrungen. Bei letzteren stellt sich auch häufiger das intensive Erlebnis ein, den eigenen Körper zu verlassen (Blackmore 1993). Erfahrungen dieser Art werden oft als eine Begegnung mit verborgenen Wirklichkeiten gedeutet, mit Wirklichkeiten zum Beispiel, die nicht von dieser Welt sind. In einer vernünftigen Diskussion geht es nicht darum, derartige Erfahrungen zu bestreiten – zur Debatte stehen einzig die daran geknüpften Thesen. Einige Autoren betonen, dass derartige Erfahrungen „unaussprechlich" sind. Sie gehen, so formuliert Carl Friedrich von Weizsäcker diesen Standpunkt, über das hinaus, „was man normalerweise mit der Sprache sagt" (von Weizsäcker 1992[2], S. 38), wobei Weizsäcker damit die meditativen Erfahrungen meint.

Mit dieser Anmerkung sind wir bei der zweiten Variante der Immunisierung von Aussagen angelangt, nämlich die Inhalte des Glaubens aus dem Bereich der Aussagen zu verbannen. So besteht die *zweite Argumentationsstrategie* darin, den Bereich vernünftiger Argumentation hinter sich zu lassen. Bestimmte Überzeugungen sind, so die These, einfach keine Gegenstände einer Diskussion. Wer so denkt, bemüht sich auch nicht weiter darum, Argumente *für* seinen Glauben zu entwickeln; ihm genügt es, auf die besonderen Erfahrungen hinzuweisen. Dieser Überzeugung liegt ein Postulat zugrunde, das der Philosoph Hans Albert die *„Idee der reinen Religion"* nennt. Damit ist eine Religion gemeint, die ohne den Ballast von Hypothesen auskommt, die sich in Aussagen zwängen lassen. Und wenn nichts behauptet wird, wenn keine Aussagen formuliert werden, *gibt es weder etwas zu begründen noch etwas zu kritisieren.* Diese Ansicht begegnet uns allerdings nicht nur bei manchen Vertretern religiöser Überzeugungen. Auch Okkultgläubige und esoterisch angehauchte Zeitgenossen bedienen sich dieser Idee. Doch wie plausibel ist sie? Der folgende kleine Dialog soll zeigen, dass wir nicht zu früh aufgeben dürfen, wenn wir an einer vernünftigen Auseinandersetzung interessiert sind.

A: „Über Glaubensinhalte zu streiten, lohnt sich einfach nicht, das ist halt eine Sache des Glaubens."

B: „Wenn es sich um eine wirklich wichtige Angelegenheit handelt, lohnt es sich sehr wohl, darüber nachzudenken, Argumente abzuwägen und in kritischen Debatten darüber zu streiten."

A: „Der Glaube verdankt sich eher einer Erfahrung, einem Gefühl des Vertrauens."

B: „Ist das nicht ein bißchen wenig?"

A: „Nein, ganz und gar nicht! Es erfüllt Dein Leben mit Sinn. Vertrauen zu haben ist mehr, als man mit Worten zu sagen vermag."

B: „Vertrauen kann mehr oder weniger begründet sein. Beispielsweise vertraue ich einem Menschen, es stellt sich aber heraus, dass mein Vertrauen enttäuscht wird, meine Erwartungen an den anderen erfüllen sich nicht."

A: „Das Vertrauen im Glauben ist ein Vertrauen besonderer Art."

B: „Eine interessante These, über die wir diskutieren könnten, aber ich will auf etwas anderes hinaus: Das Vertrauen, auf das sich gläubige Menschen häufiger beziehen, ist niemals frei von Hypothesen."

A: „Aber wieso? Es handelt sich um eine besondere Erfahrung, wie sollen da eine oder mehrere Hypothesen ins Spiel kommen?"

B: „Einfach deshalb, weil das Vertrauen sich auf irgend etwas richten muss, da gibt es Hoffnungen und vielleicht auch Befürchtungen. Jemand mag hoffen, dass die Welt einen objektiven Sinn hat, dass es ein Leben nach dem Tode gibt – was auch immer."

A: „Und Du meinst, darüber vernünftig diskutieren zu können?"

B: „Ja, und darüber nachzudenken. Die Erfahrung des Vertrauens möchte ich ja gar nicht bestreiten, mir geht es um die daran geknüpften Thesen."

Eine *dritte Argumentationsstrategie* läuft darauf hinaus, die eigenen Überzeugungen zu schützen, indem die Grenzen vernünftiger Argumentation herausgestellt werden. In einschlägigen Debatten attackieren diejenigen, die diese Strategie bevorzugen, die Vernunft schlechthin und/oder die Wissenschaft. Dieses Verfahren erinnert an „eine privilegierte Position haben". Alle Varianten, die wir hier betrachten, stimmen ohnehin in dem grundlegenden Anliegen überein, die eigenen Behauptungen vor Argumenten zu schützen. Aber es lohnt sich, auch die feinen Unterschiede zu sehen – um so besser können wir darauf reagieren. Wer eine privilegierte Position in Anspruch nimmt, verknüpft damit starke – und angreifbare – Behauptungen; er rekurriert auf ein wie auch immer beschaffenes Fundament. Das müssen diejenigen nicht tun, die Vernunft und Wissenschaft im Misskredit bringen wollen. Sie wehren Kritik ab, indem sie behaupten, dass die Vernunft auf Sand baut. Die begrenzte Vernunft, so heißt es beispielsweise, ist nicht in der Lage, das Geheimnis zu erfassen. Und von hier ist es nur ein kleiner Schritt zu einer relativistischen Argumentationsfigur: Die Wissenschaft hat andere Maßstäbe, ihre eigenen Methoden, der religiöse Glaube aber ganz andere. Weil relativistische Anschauungen ziemlich beliebt sind, widmen wir ihnen ein eigenes Kapitel (12).

Thesen nachträglich verändern

Alle Weltanschauungen unterliegen zwangsläufig einem gewissen Wandel. Sie müssen sich in einem bestimmten Umfang – über den die Verfechter der jeweiligen Ideologie oft erbittert streiten – den kulturellen Entwicklungen, insbesondere aber den Erkenntnisfortschritten anpassen. Diesem Problem sind wir schon in dem Abschnitt über die Ideologiekritik begegnet. Ideologien werden verändert, doch deren Verfechter tun so, als ob diese Veränderungen den Kern der Ideologie unangetastet lassen. Anhänger der jeweiligen Ideologie vergessen dann oft, wie weit sich ihr Ideengebäude vom Ursprung entfernt hat. Dies zu wissen ist wichtig, wenn wir uns mit den einflussreichen weltanschaulichen Systemen kritisch auseinandersetzen wollen. Der Marxismus beispielsweise enthält die Prognose, dass die Revolution in einem ökonomisch entwickelten Land beginnt. Tatsächlich ereignete sich eine Revolution im rückständigen Russland. Daraufhin modifizierten Lenin (und später Stalin) die Lehre. Beide nahmen die Ereignisse und Entwicklungen jedoch nicht zum Anlass, das marxistische Ideengebäude insgesamt kritisch zu prüfen. Auch in Diskussionen kommt es vor, dass die Gesprächspartner der Kritik ausweichen, indem sie ihre ursprüngliche Aussage verändern. „Die Gewalt in unserer Gesellschaft hat zugenommen", behauptet ein Diskussionsteilnehmer, „immer mehr Straftaten werden registriert." Dem widerspricht eine Teilnehmerin: „Das stimmt nicht, schwere Gewaltdelikte sind rückläufig, außerdem sinkt die Zahl der registrierten Einbrüche." „Weißt Du", meint der Gesprächspartner, „ich lege meiner Behauptung einen weiten Gewaltbegriff zugrunde. Gewalt ist ja nicht nur die offizielle, sondern die versteckte, alltägliche Gewalt." Jetzt hat der Gesprächspartner seine ursprüngliche Behauptung einfach abgeändert. Das sollten wir in einer Diskussion klarstellen: „Moment, Deine Behauptung, dass mehr und mehr Straftaten registriert werden, kannst Du aber nicht mehr aufrechterhalten. Diese Aussage stimmt nicht." Bei solchen eher harmlos klingenden Anmerkungen, *die scheinbar der begrifflichen Klärung dienen*, ist ohnehin Vorsicht geboten. „Ich habe einen umfassenden Begriff von Kultur." „Mein Verständnis von Religion ist eben ein anderes." Viele Diskussionsteilnehmer reagieren falsch, indem sie die Verwendung des Begriffs richtig stellen wollen. Richtig dagegen ist, auf den Sinn von Aussagen zu verweisen und im Falle einer nachträglichen Veränderung den ursprünglichen Sinn der Behauptung wieder ins Spiel zu bringen.

Der Diskussionsteilnehmer, der pauschal behauptet, die Gewalt habe zugenommen, hätte auch mit einer zusätzlichen These reagieren können, um seine Ausgangsthese zu retten. „Die offiziellen Statistiken spiegeln die wirkliche Entwicklung nicht richtig wider; denk' nur an die Dunkelziffer!" Solche flankierenden Thesen, die die ursprüngliche Aussage schützen soll, können durchaus vernünftig sein. Oft sind sie es aber nicht. Und damit sind wir auch schon bei unserer letzten Variante der Immunisierungsstrategie angelangt.

Ad hoc-Thesen erfinden

Um ihre Ansichten zu retten, erfinden viele Leute – nicht nur beim Diskutieren – *Hilfshypothesen*. Diese müssen nicht zwangsläufig falsch sein; auch in der Geschichte der Wissenschaft gibt es zahlreiche Beispiele für zutreffende Ad hoc-Hypothesen. Sie kommen zum Zuge, wenn eine These (eine Theorie) mit bestimmten Beobachtungen nicht übereinstimmt, wenn etwas anderes passiert, als wir aufgrund unserer Vermutungen erwarten. Doch

Vorsicht ist geboten. Jede noch so versponnene Behauptung und sogar komplette Theoriengebäude können wir mit Ad hoc-Thesen zu retten versuchen. Betrachten wir gleich ein Beispiel. Eine Bekannte, die von sich behauptet, übersinnliche Fähigkeiten zu besitzen, lädt Sie zu einer spiritistischen Sitzung ein. Sie sind sehr skeptisch, und tatsächlich: Es gelingt Ihrer paranormal veranlagten Bekannten nicht, geisterhafte Wesen herbeizurufen. Alle Versuche scheitern. Da behauptet sie: „Hier im Raum wirken zu viele negative Energien. Wahrscheinlich sind einige Skeptiker unter uns, die sich nicht auf das Geschehen einlassen. Meine Geister brauchen aber die Zustimmung, ja das Vertrauen aller, um in unseren Kreis eintreten zu können." Vermutlich kommt Ihnen diese Ad hoc-These wie eine Ausrede vor – obwohl es durchaus Zeitgenossen gibt, die eine solche Behauptung akzeptieren. Was sagen Sie Ihrer Bekannten? Die kritische Frage lautet, *unter welchen Bedingungen, beim Auftreten welcher Ereignisse, die Spiritistin bereit wäre, ihre Behauptung aufzugeben.* Mit dem Hinweis auf negative Energien lassen sich wohl immer, in allen Situationen, kritische Argumente vom Tisch wischen. Etwas anders sieht es in dem folgenden Beispiel aus. Eine Ärztin untersucht einen Patienten, dessen Haut mit roten Pusteln übersät ist. Sie sieht darin Symptome einer bestimmten Infektionserkrankung. Daher *erwartet* sie, dass der Patient Fieber bekommen wird. Doch obwohl sich der Patient auch fiebrig fühlt, zeigt das Fieberthermometer in der kommenden Nacht eine normale Temperatur an. Die Ärztin, die ihre Diagnose samt der Vorhersage nicht vorschnell aufgeben will, formuliert die folgende Ad hoc-Hypothese: „Die Messung ist deshalb fehlgeschlagen, weil das Fieberthermometer defekt ist." Was unterscheidet diese These von der vorherigen? Wir können sie überprüfen, das Fieberthermometer könnte tatsächlich kaputt sein. Die Spiritistin dagegen hat mit ihrer Ad hoc Hypothese eine unbekannte Kraft ins Spiel gebracht, wir verfügen über keine wissenschaftliche Theorie, in der diese „negativen Energien" vorkommen. Nicht nur Okkultgläubige bemühen in solchen Situationen Allgemeinplätze; es wird auf die Grenzen unseres Wissens hingewiesen und die Ansicht vertreten, dass es Dinge zwischen Himmel und Erde gibt, die wir noch nicht erkannt haben. Zugegeben, unser Wissen entwickelt sich weiter, aber wir müssen die heute verfügbaren Erkenntnisse heranziehen, um zu einem vorläufigen Urteil zu gelangen. Und ob die negativen Energien zum Repertoire des zukünftigen Wissens gehören, ist doch mehr als fraglich.

10. „Ich habe aber die Erfahrung gemacht ..." – Erfahrungen als Argumente?

Es heißt, dass wir aus Erfahrungen lernen. So allgemein formuliert stimmt das wohl auch. In Alltagsgesprächen ebenso wie in Diskussionsrunden werden unablässig Erfahrungen herangezogen. Sie dienen zum einen dazu, über Ereignisse und Eindrücke zu berichten. So mag jemand aus Erfahrung wissen, dass die Abfertigung auf dem Flughafen in Köln reibungsloser vonstatten geht als in Frankfurt. Oder Sie empfehlen in Ihrem Bekanntenkreis ein Hotel auf Rhodos, weil Sie dort „gute Erfahrungen" gemacht haben. Zum anderen benutzen wir Erfahrungen, um Thesen zu untermauern, zu verteidigen und zu widerlegen. Doch Erfahrungen können trügerisch sein; sie führen uns nicht selten in die Irre. Und die Bedingungen, unter denen wir Erfahrungen machen, ändern sich. So könnte sich zum Beispiel die Abfertigung am Flughafen Frankfurt in den letzten Monaten deutlich verbessert haben. Vielleicht wird das Hotel auf Rhodos inzwischen von einem neuen Team geleitet, einem Team, das viele Fehler macht. Daher stellt sich die *schwierige Frage, inwieweit und auf welche Weise Erfahrungen Bestandteile von Argumenten sein können.* Wir nähern uns einer Antwort, indem wir zunächst die Beziehungen zwischen Theorien und Erfahrungen betrachten. Diese Mühe sollten Sie auf sich nehmen. Denn wir alle neigen dazu, Erfahrungen zu überschätzen. Etwas, das wir selbst erleben, das wir beobachten, hören oder fühlen, scheint unabweisbar zu sein. Gerade in unserer Zeit, in der viele Bereiche einem raschen Wandel unterliegen, suchen wir gerne Haltepunkte. Und Erfahrungen, so denken wir oft, kann uns niemand nehmen. Sie sind ein unverlierbarer Besitz in einer Welt, die sich schnell verändert.

Theorien und Erfahrungen – einige Erläuterungen

Bis in die Neuzeit hinein waren die meisten Menschen davon überzeugt, dass die Erde still im Mittelpunkt der Welt ruht. Und das war nicht bloß eine haltlose Spekulation! Die These vom Stillstand der Erde gehörte zu den Bestandteilen einer Kosmologie, die nicht zuletzt auch durch Beobachtungen gestützt wurde (Blumenberg 1981; Koyré 1998; Kuhn 1981; Shapin 1998). Als mehr und mehr Zweifel an dem herrschenden Weltbild auftauchten, verwendeten seine Verteidiger diese Beobachtungen in ihren Argumenten. Wir erleben doch Tag für Tag eine ruhende Erde, auf der wir uns bewegen und Häuser bauen können. Werfen wir einen Stein nach oben, so die Anhänger der geozentrischen Hypothese, fällt er genau an die Abwurfsstelle zurück. Das dürfte nicht der Fall sein, wenn sich die Erde unter dem in die Höhe fliegenden Stein weiterbewegt hätte. Noch eindrucksvoller wird dies durch folgende Erfahrung bestätigt: An windstillen Tagen sehen wir oft, wie eine Wolke über uns an ihrem Platz bleibt. Würden wir uns mit der Erde bewegen, müsste die Wolke selbstverständlich zurückbleiben. Heute fällt es uns relativ leicht, solche Argumente zu entkräften. Sehen wir uns einige mögliche Gegenargumente einmal genauer an. Es stimmt, dass wir auf der Erde gehen und Häuser bauen, aber das schaffen wir deshalb, weil uns eine Kraft an die Erde bindet. Und die Wolke bewegt sich mit uns, mit der Erde, wir erliegen einer Täuschung. *Wer so argumentiert, bietet eine Erklärung dafür an, warum wir bestimmte Beobachtungen machen,* wie sie zustande kommen. Und genau das ist eine wichtige Funktion von Theorien: Sie erklären Erfahrungen. Deshalb gelingt es uns auch, die Grenzen unserer persönlichen Erfahrungen zu überschreiten. Viele derjenigen Theorien, die uns die eigenen Erfahrungen und die Intuitionen nahe legen, lassen wir hinter uns. Dies zeigt schon, dass es in vielen Fällen durchaus problematisch ist, Erfahrungen heranzuziehen, um eine Behauptung (oder eine ganze Theorie) zu stützen. Hinzu kommt: *Jede Erfahrung ist mit verschiedenen Theorien verträglich*, auch mit Theorien, die einander ausschließen. Die Beobachtung der auf- und untergehenden Sonne passt zu der heute akzeptierten Theorie, wonach die Erde um die Sonne und sich selbst kreist. Aber diese alltägliche Erfahrung können wir eben auch mit der alten geozentrischen These in Einklang bringen. Da stellt sich die Frage, warum die Wissenschaftler das alte Weltbild überhaupt aufgegeben haben. Eine vollständige Antwort auf diese Frage fällt ziemlich kompliziert aus. Eine Rolle hierbei spielte, dass die Forscher Beobachtungen machten, die der alten geozentrischen Theorie widersprachen. Weil wir leicht bestätigende Erfahrungen machen (und gerne nach ihnen suchen), wiegen Erfahrungen, die einer Theorie widersprechen schwerer, wie wir schon im 7. Kapitel festgestellt haben. Kopernikus, nach dem die sogenannte „kopernikanische Revolution" benannt wird, ließ sich im übrigen von einer sehr alten theoretischen Vorstellung leiten: Die Himmelskörper, so glaubte er, bewegen sich auf vollkommenen Kreisbahnen. Solche Bahnen konnten aber in der geozentrischen These nicht mehr untergebracht werden, ein wichtiger Grund für den Forscher, diese Theorie zu verwerfen. Seine eigene Theorie, derzufolge sich die Erde – auf einer kreisförmigen Bahn – um die Sonne bewegt, war ein wichtiger Beitrag zur Entwicklung der modernen Kosmologie. Aber ausgerechnet seine Lieblingsidee, die These der vollkommenen Kreise, erwies sich schon bald als falsch.

Je weiter unser Wissen fortschreitet, desto mehr Erkenntnisse widersprechen sowohl den alltäglichen Erfahrungen als auch den Intuitionen. Der gesunde Menschenverstand versagt zwar nicht immer, aber immer öfter. Interessant ist auch, dass wir den intuitiv nahe liegenden Vermutungen häufig sogar dann noch folgen, wenn wir über das einschlägige Wissen verfügen. Das haben nicht zuletzt Experimente mit Schülern gezeigt, die die wissenschaftlichen Theorien im Unterricht kennengelernt hatten. Unter anderem sollten die Versuchspersonen die folgenden zwei Probleme lösen:

1. Sie sehen, wie eine Frucht von einem hohen Obstbaum fällt. Da Sie gerade einen Stein in Ihrer Hand halten, versuchen Sie, die Frucht, vielleicht eine Birne, zu treffen. Wohin genau zielen Sie?

2. Sie laufen ziemlich schnell und halten in einer Hand einen schweren Gegenstand, zum Beispiel eine Kugel. Weder Hand noch Arm bewegen sich, Sie halten die Kugel einfach nur fest. Dann lassen Sie die Kugel los, ohne deren Fallrichtung zu beeinflussen. Welchen Weg beschreibt die Kugel beim Fallen?

Finden Sie die richtigen Antworten? – Falls Sie die Birne mit dem Stein treffen wollen, müssen Sie möglichst genau darauf zielen – und nicht, wie wir intuitiv gerne annehmen, ein Stückchen darunter. Das ist deshalb so, weil nicht nur die Birne, sondern auch das Wurfgeschoss eine Fallbewegung vollziehen. Sie unterliegen ja derselben physikalischen Kraft (Fischer 1992). Die Kugel beschreibt eine Parabel nach vorne; denn Trägheit und Schwerkraft wirken hier zusammen. Das zeigt die folgende Skizze (Fischer 1992), wobei der Luftwiderstand nicht berücksichtigt wird:

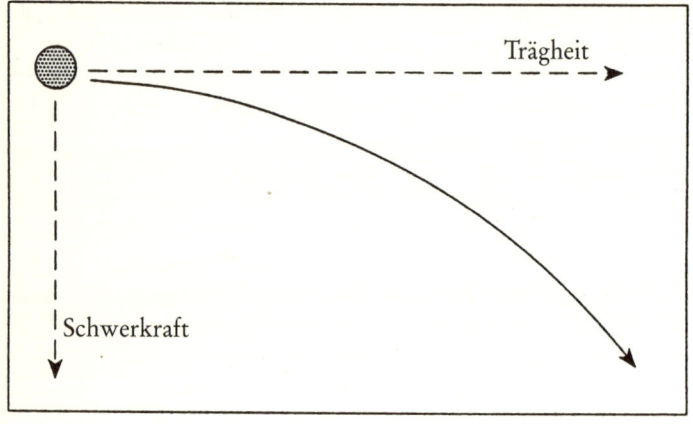

Abb. 1: Die fallende Kugel

Auch diese Beispiele belegen unter anderem: Um unsere Erfahrungen richtig zu verstehen, brauchen wir bewährte wissenschaftliche Theorien. In Debatten geht es nicht darum, die Erfahrungen zu bestreiten, die ein Diskussionsteilnehmer argumentativ verwendet, sondern darum die Annahmen, die er aus den Erfahrungen zu gewinnen glaubt, zu hinterfragen. Wie man das richtig macht, zeigt der folgende kleine Gesprächsausschnitt:

A: „Ich habe die Erfahrung gemacht, dass es sich beim Pendeln doch nicht nur um faulen Zauber handelt."

B: „Ach tatsächlich, gehörst Du mittlerweile auch zu den Okkultgläubigen?"

A: „Das nicht gerade, aber was ich erlebt habe, ist wirklich eindrucksvoll."

B: „Jetzt bin ich aber gespannt. Erzähl schon!"

A: „Benjamin hatte mich vor einiger Zeit eingeladen, an einer Zusammenkunft teilzunehmen; vorgestern war es soweit. Insgesamt kamen acht Leute; Maria war auch dabei. Mona, die sich ‚Medium' nennt, sah ich zum ersten Mal. Sie ließ uns auf Zettel die Namen noch lebender und bereits verstorbener Personen schreiben. Dann hielt sie ihr Pendel über die verschiedenen Zettel und stell Dir vor – ohne dass sie irgendeine Bewegung ausführte, begann das Pendel zu kreisen, aber nur über den Zetteln, auf denen die Namen der lebenden Personen standen. Es war richtig unheimlich."

B: „Eine tolle Erfahrung! *Aber welche Vermutungen verbindest Du damit?* Wie kommt Deiner Meinung nach die geheimnisvolle Pendelbewegung zustande?"

A: „Vielleicht gibt es doch verborgene Kräfte, Kräfte, die wir nicht – oder noch nicht – kennen."

B: „Also Kräfte, die irgendeinen Zusammenhang erzeugen zwischen Namen, die auf einem Papier stehen, und den Bewegungen des Pendels. Eine sehr kühne Vermutung; keine der von der Physik beschriebenen Kräfte kommt hierfür in Frage."

A: „Es müssen ja keine physikalischen Prozesse sein, vielleicht kommt es aus dem Inneren des Mediums. Mona spürt etwas, wenn sie das Pendel über die Namen noch lebender Leute hält."

B: „Auch das, was aus dem Inneren des Mediums herrührt, unterliegt den bekannten physikalischen Gesetzmäßigkeiten. Aber die Annahme, dass Mona das Pendel in Bewegung versetzt, scheint mir ganz vernünftig zu sein. Ich glaube aber nicht an die geheimnisvollen Kräfte, über die das Medium angeblich verfügt."

A: „Du hast eben die Erfahrung nicht gemacht, nicht miterlebt, wie sich das Pendel gleichmäßig bewegt hat."

B: „Ich will Deine Erfahrung doch gar nicht bestreiten. Aber was sagen uns solche Erfahrungen? Zum Beispiel kann ich sehen, wie die Sonne am Morgen aufgeht, uns allmählich umkreist, um dann am Horizont zu versinken. Deshalb muss aber die These, dass die Sonne um eine ruhende Erde kreist, noch lange nicht stimmen."

A: „Du bist und bleibst ein Skeptiker. Aber hast Du denn auch eine Erklärung für das, was sich während der Zusammenkunft ereignet hat?"

11. „Als Betroffene muss ich dazu sagen ..." – Betroffenheit als Argument?

In den zahllosen Talkshows und auch in ernster gemeinten Debatten führt man dem Publikum gerne Betroffene vor. Das sind Leute, die nicht nur über ein mehr oder weniger brisantes Thema diskutieren, sondern davon auch existentiell berührt sind. Geht es um neuere Lebensformen, sitzt zum Beispiel eine alleinerziehende Mutter in der Runde, wenn Drogenprobleme erörtert werden, kommt ganz bestimmt ein Abhängiger zu Wort usw. Die Teilnahme von Betroffenen kann eine Debatte aspektreicher und lebendiger machen. Häufig erleben wir aber, dass die Betroffenheit überbewertet wird. Betroffene, so scheinen nicht wenige Zeitgenossen zu denken, sind in besonderer Weise kompetent. Denn sie wissen ja genau, worüber sie sprechen. Und auf der anderen Seite nehmen Diskussionsteilnehmer ihre eigene Betroffenheit argumentativ in Anspruch. „Wer selber noch nie abgetrieben hat", so behaupten sie beispielsweise, „kann gar nicht richtig mitreden." Auf diese Weise geraten die Betroffenen leicht in eine privilegierte Position. Ihre Ideen und Argumente scheinen ganz besondere Beachtung zu verdienen. (Sicher haben Sie es schon bemerkt: Auch hier stoßen wir auf genetische Fehlschlüsse.) Zugegeben, manchmal macht die Betroffenheit tatsächlich kompetenter. Eine Patientin, die an Schuppenflechte leidet, nimmt ihr Leiden zum Anlass, zahlreiche Veröffentlichungen über diese Krankheit zu lesen. Deshalb weiß sie auch viel darüber – die Betroffenheit allein verschafft ihr das Wissen natürlich nicht. Aber die Geschichte kann leicht anders ausgehen. Nicht nur die Liebe macht zuweilen blind, sondern auch andere Sorten des Betroffenseins. Unsere Patientin fällt womöglich auf Anbieter unseriöser Therapien herein; sie hat nicht mehr die nötige Distanz, um den kritischen Hinweisen ihres Facharztes nachzugehen. Wir sind daher gut beraten, den Betroffenen weder einen Plus- noch einen Minuspunkt für ihre Aussagen zu geben. Was zählt, sind die Argumente, die sich in der Diskussion bewähren müssen. Manchmal sind unsere Gesprächspartner so sehr in ihre Betroffenheit versunken, dass sie diese rationale Haltung nicht nachvollziehen können. Dann sollten Sie Formulierungen wie die folgenden ausprobieren; sie helfen oft weiter: „Ich muss nicht selbst betroffen sein, um über eine Sache nachzudenken."

„Um Krebstherapien zu entwickeln, muss ich nicht selbst an Krebs erkrankt sein."

„Muss ich Opfer einer rechtsextremistisch orientierten Gewalttat sein, um den Extremismus vernünftig kritisieren zu können?"

„Man braucht selbst keine Eier zu legen, um zu erkennen, ob eines faul ist" (Weidenmann 1980).

Betroffen zu sein heißt, *über bestimmte Erfahrungen zu verfügen, die viele andere nicht gemacht haben.* Damit sind so gut wie immer Gefühlserlebnisse und andere subjektive Regungen verbunden, Hoffnungen, Ängste, Schmerzen und Freuden. Im vorausgegangenen Kapitel haben wir schon festgestellt, dass Erfahrungen mit unterschiedlichen Thesen verträglich sind, auch wenn die Erfahrungen ganz bestimmte Annahmen in uns wachrufen. Gilt das aber auch für starke Gefühle und andere subjektive Befindlichkeiten, für Erfahrungen, die wir sozusagen mit uns selbst machen? Weil in unserer Streitkultur argumentative Hinweise auf Gefühle ziemlich beliebt sind, gehen wir im folgenden dieser Frage einmal nach.

„Ich lass mir doch meine Ängste nicht ausreden", sagt ein Teilnehmer während einer Diskussion über mutmaßliche Leukämie-Risiken in der Nähe von Kernkraftwerken. „Ja", ergänzt eine Gesprächspartnerin, „und Gefühle lassen sich nicht kritisieren. Ich habe nun einmal ein ungutes Gefühl, wenn ich an die Kernkraftwerke denke." Richtig daran ist: Die bloße Tatsache, dass jemand ein bestimmtes Gefühl bei sich wahrnimmt, können wir nicht kritisieren – wohl aber, wie bei anderen Erfahrungen auch, *die daran geknüpften Hypothesen.* Wer auf seine Ängste hinweist, tut dies meistens, weil er *vor etwas* Angst hat. (Die diffusen Ängste, von denen manche Menschen berichten, Ängste, die für die Betroffenen schwer zu fassen sind, vernachlässigen wir hier, weil sie höchst selten in Diskussionen eine Rolle spielen.) Gesprächspartner, die negative oder positive Gefühle äußern, verbinden damit eine *Bewertung*. Gefühle helfen oft weiter, sie können uns aber auch in die Irre führen. Es wäre töricht, in vernünftigen Auseinandersetzungen eine Anti-Gefühle-Position zu vertreten. Viel besser ist es, zu differenzieren bzw. denjenigen, die auf ihren Gefühlen beharren, einen *Differenzierungsvorschlag* zu unterbreiten. Wir respektieren die Gefühle, ohne die daran geknüpften Annahmen kritiklos zu akzeptieren. Hier zwei Beispiele:

Beispiel 1

A: „Ich finde es erschreckend, wie wenig Sie auf die Ängste der Betroffenen hören. Mit Ihren Darstellungen werde ich meine Ängste jedenfalls nicht los."

B: „Ängste sind ja zuweilen durchaus hilfreich, aber nicht immer. Wir dürfen ihnen nicht blind folgen. Wir müssen vielmehr herausfinden, ob sie wirklich begründet sind."

A: „Ängste können berechtigt sein, obwohl kluge Leute in langen Diskussionen zu der Auffassung gelangt sind, dass sie ohne Grund bestehen."

B: „Ja, das kann passieren. Irrtümer sind niemals ausgeschlossen. Aber daraus folgt nun wirklich nicht, dass wir auf Diskussionen, auf Vernunft und Wissenschaft verzichten dürfen. Sie sollten jetzt Ihre Einwände gegen die geplante Maßnahme formulieren. Mit welchen Risiken rechnen Sie?"

Beispiel 2

A. „Ihr Plädoyer für humanes Sterben überzeugt mich nicht. Es macht mir sogar Angst, wie Sie über diese heiklen Dinge sprechen."

B: „"Das Thema berührt uns ja auch unmittelbar. Um so mehr sollten wir uns darum bemühen, unsere Meinungsunterschiede zu verdeutlichen, klar herauszuarbeiten. Ich glaube, dass wir in unseren Wertvorstellungen und Zielen nicht ganz übereinstimmen. Wir ..."

A: Genau das ist so beängstigend – das Leben, den höchsten Wert überhaupt, den wollen Sie zur Diskussion stellen. Es ist unsere Pflicht, das menschliche Leben auf jeden Fall zu schützen und zu erhalten."

B: „Jetzt sind wir doch schon einen Schritt weiter, wenn Sie klarstellen, dass Sie das Leben als höchsten Wert überhaupt betrachten."

A: „Ist das nicht selbstverständlich?"

B: „Na ja, wir alle betrachten das menschliche Leben als einen sehr hohen Wert. Aber vielleicht gibt es Situationen, in denen andere Werte noch wichtiger sind, oder Situationen, in denen Wertkonflikte unausweichlich werden."

Meine Empfehlung lautet also: Versuchen Sie nicht, den Gesprächspartnern die subjektiven Befindlichkeiten und Betroffenheiten auszureden. Diskutieren Sie statt dessen über die daran geknüpften Behauptungen (Aussagen).

12. „Alles hängt doch vom jeweiligen Standpunkt ab, alles ist relativ" – ist der Relativismus vermeidbar?

Der Relativismus erfreut sich breiter Zustimmung. In Diskussionen tritt er oft als Störenfried auf, weshalb wir diese Position hier etwas genauer unter die Lupe nehmen. Obwohl es etliche Spielarten des Relativismus gibt, lautet seine Kernthese: *„Die Gültigkeit von Aussagen ist kontextabhängig."* Zwar können wir, so die relativistische Position, eine Theorie als wahr betrachten und eine Norm gültig nennen – doch ist dies nur möglich *innerhalb eines Rahmens*, zum Beispiel innerhalb einer Kultur oder einer Tradition. Auf unser Thema bezogen heißt das: Argumentative Auseinandersetzungen finden innerhalb solcher Zusammenhänge statt. Relativistische Ideen sind mehr als intellektuelle Spielereien; sie können sehr praktische Folgen haben, etwa im Bereich der Politik. Wenn beispielsweise eine Organisation wie Amnesty International oder Vertreter einer westlichen Regierung Foltermethoden in China (oder anderswo) kritisieren, so lautet die relativistisch orientierte Antwort: Die Menschenrechte und solche Ideale wie Toleranz sind Erfindungen des Westens. Der Westen hat aber ganz andere *Maßstäbe* als die fernöstlichen (oder auch andere) Kulturen. Die Kritik ist daher nicht gültig, erfolgt sie doch aus einer fremden Welt – andere Länder, andere Sitten. Der nationalsozialistische Physiker und Nobelpreisträger (1905) Philipp Lenard vertrat die Auffassung, „daß jedes Volk mit eigener Rassemischung seine eigene Art habe, Wissenschaft zu betreiben" (Willer 1988). Die nationalsozialistische Verunglimpfung wissenschaftlicher Leistungen von Juden – wie Einstein – hatte so auch einen relativistischen Hintergrund. Die sogenannte „jüdische Physik" stammte aus der Welt einer anderen Rasse, weshalb sie gemäß der nationalsozialistischen Ideologie im Theoriengebäude der „deutschen Physik" keine Geltung beanspruchen könne. Solche Beispiele sollen zeigen, dass relativistische Ansätze keineswegs zwangsläufig mit liberalen und humanen Konsequenzen einhergehen, wie viele Leute zu glauben scheinen. Denn moderne Relativisten bevorzugen diese Position nicht zuletzt deshalb, weil sie offen, tolerant und nachsichtig gegenüber anderen Kulturen sein wollen. Da sie an fremden Welten nur ungern Kritik üben, entwickeln sie eine teilweise doch verblüffende Akzeptanz gegenüber Taten und Zuständen, die sie in ihrer eigenen Kultur entschieden ablehnen. Der Philosoph Paul Feyerabend, der eine Zeitlang ein Anhänger des Relativismus gewesen war, meinte einmal: „Nicht nur SS Offiziere, sondern auch Rationalisten und Menschheitsfreunde sind Bestien. Man beschütze also die Traditionen voreinander, man verteidige die Rechte jener, die ihre Tradition verlassen wollen – aber der Rest geht den Staat nichts an. Finden Menschen ihr Glück darin, daß sie sich in gefährlichen Kriegsspielen gegenseitig abschlachten, dann lasse man ihnen dieses Vergnügen" (Feyerabend 1980, S. 174).

In Diskussionen tauchen immer wieder relativistische Argumente auf – meist in der Absicht, die Kritik von anderen abzuwehren. Manchmal sind es ganz simple Anmerkungen, hinter denen sich relativistische Haltungen verbergen:

„Wir haben einfach verschiedene Weltbilder."

„Sie gehen von völlig anderen Voraussetzungen aus."

„Man merkt, dass Du einen mir fremden Ansatz vertrittst."

Bevor wir uns die Frage stellen, wie wir vernünftig auf solche Behauptungen eingehen, setzen wir unsere kritische Erörterung des Relativismus fort. Welche Schwächen hat diese Position? Was den Relativismus vielleicht plausibel erscheinen lässt, ist die Tatsache, dass alle möglichen Kulturleistungen – Gebräuche, Theorien, Wertvorstellungen, Kunstwerke usw. – in einem bestimmten

Rahmen, in einer bestimmten Welt *entstehen*. Sie tauchen nicht überall gleichzeitig auf. Die Brille beispielsweise scheint eine italienische Erfindung zu sein; am Ende des 13. Jahrhunderts wurden vermutlich die allerersten Brillen in Italien gefertigt. Manche Erfindungen bleiben Bestandteile kleiner Welten, andere – wie die Brille – überschreiten kulturelle, sprachliche und sonstige Grenzen. Es kommt auch vor, dass sogar Leistungen, die für einen bestimmten Rahmen geschaffen werden, ihren Siegeszug über die ganze Welt antreten. Haydns Anstellungsvertrag aus dem Jahre 1761 macht dem Komponisten zur Auflage, seine Musik für einen kleinen Teil der höfischen Welt zu schreiben, letztlich „für Ihro Durchlaucht einzig", den Fürsten Paul Anton Esterhazy (Marggraf 1990). Doch schon in den siebziger Jahren des 18. Jahrhunderts verbreiteten sich Haydns Werke in zahllosen Abschriften; und bevor er im Jahre 1790 seine Reise nach England antrat, soll er zu Mozart gesagt haben: „Meine Sprache verstehet man über die ganze Welt" – ein kühner Anspruch, formuliert im Rahmen der Musikästhetik der Aufklärung. Aber Haydns Musik hat die kulturellen Grenzen, innerhalb derer sie entstand, tatsächlich überschritten. Das Rad tauchte vielleicht um 4000 v. Chr. in Mesopotamien auf, wo es – als Scheibenrad – schon dem Transport diente. Wer immer es erfunden und weiterentwickelt haben mag – in allen heute existierenden Kulturen wird es auf vielerlei Weisen genutzt. Sicherlich entstand auch die Idee vernünftiger Argumentation in einem bestimmten Kontext, in einer besonderen historischen Situation (Popper 1963). Mit diesem Instrument können wir nicht nur das Rad und die Vor- und Nachteile verschiedener Sorten von Rädern zu Gegenständen einer kritischen Auseinandersetzung machen. Auch die Kontexte, *die Rahmen selbst*, aus denen verschiedene Leistungen herrühren, können wir vergleichen und kritisch prüfen. So ist es zum Beispiel möglich, das Wissen einer fremden schriftlosen Kultur sprachlich festzuhalten und mit eigenen Wissensbeständen in Beziehung zu setzen. Nehmen wir einmal an, wir besuchten eine uns fremde Gruppe von Menschen auf einer Insel, deren Nutztiere von einem Greifvogel dezimiert werden. Diese Inselbewohner versuchen begreiflicherweise das Problem zu lösen. Dazu benötigen sie u.a. Kenntnisse – oder auch nur vage Vorstellungen – über die Greifvögel, Kenntnisse oder Vorstellungen, die den Umgang mit den

Vögeln beeinflussen. Wir können die Handlungen beobachten und fragen, welche Hypothesen ihnen zugrunde liegen. Die mutmaßlichen Annahmen der Insulaner lassen sich mit unseren Wissensbeständen in einschlägigen Biologie-Büchern vergleichen. Dabei entdecken wir vielleicht einen Fehler im Lehrbuch. Ein Relativist könnte hier folgenden Einwand ins Spiel bringen: „Fremde Weltbilder und Bräuche *verstehen* wir in vielen Fällen nicht einmal. Wie wollen wir uns dann anmaßen, sie zu diskutieren und sogar zu beurteilen?" Die Antwort darauf lautet: Wir erfinden *Hypothesen* über fremde Leistungen, über Vogelkenntnisse, über ein Werkzeug, ein Symbol, ein Weltbild, ein Kunstwerk. Mit diesen Hypothesen, unseren *Ausgangspunkten*, arbeiten wir weiter. Wir prüfen sie kritisch, auch indem wir sie an Beobachtungen messen, die wir in der fremden Kultur machen. So entwickkeln wir unsere Annahmen allmählich weiter und gelangen dadurch zu einem immer besseren Verständnis der Werkzeuge, Symbole, Weltbilder und Kunstwerke. Dabei müssen wir – hier wie überall – den Gedanken aufgeben, ein unfehlbares, absolut sicheres, endgültiges Verstehen zustandezubringen. Fremde können an uns etwas bemerken, einen Fehler vielleicht, der uns entgangen ist – sogar dann, wenn diese Fremden uns ansonsten kaum verstehen. Eine kritische Prüfung, die von außen kommt, kann ohne weiteres zu einem tieferen Verständnis der eigenen Situation und des eigenen Verhaltens beitragen. Das hängt u. a. damit zusammen, dass wir Menschen uns häufig über die Ursachen, die Antriebe unseres Verhaltens täuschen.

Kehren wir zu den relativistischen Standardbemerkungen zurück, denen wir in Diskussionen oft begegnen: „Wir haben einfach verschiedene Weltbilder." „Das stimmt", so antworten wir beispielsweise, „würden sie übereinstimmen, brauchten wir nicht darüber zu diskutieren. Lass uns die zentralen Annahmen der beiden Weltbilder miteinander vergleichen. Versuchen wir doch gemeinsam herauszufinden, welches Weltbild das plausiblere ist." „Aber da liegt ja das Problem", entgegnet die Relativistin, „wir haben auch andere Vorstellungen von Plausibilität, unsere Maßstäbe sind verschieden. Ich bewerte Theorien einfach anders als Du." Ja, das ist nun wirklich schwierig. Jemand, der ganz konsequent eine relativistische Auffassung vertritt, lässt sich nur schwer – wenn überhaupt – zu einer kritischen Auseinandersetzung bewegen. Besonders entschiedene Relativisten versteigen sich zu der Annahme, jeder lebe nun mal in seiner eigenen abgeschlossenen Welt. Goethe, der äußerst empfindlich auf Kritik reagierte, meinte einmal, er halte *den* Gedanken für wahr, der ihn befruchtet. „Was ein anderer *denkt*, wie kann mich das kümmern. Ich kann doch nicht wie *er* denken, weil ich ich und nicht er bin." (Schulz 1999).

Der Relativismus der Esoteriker

Auch die esoterischen Weltdeutungen erfreuen sich einer gewissen Beliebtheit. Da es sehr viele davon gibt, ist es nicht möglich, auf die Unterschiede zwischen diversen esoterischen Behauptungen näher einzugehen. Manche von ihnen verheißen eine neue Spiritualität, andere machen Anleihen beim Okkultismus, wiederum andere versprechen eine neue Wissenschaft. Es sind Versuche, die Welt wieder zu verzaubern und den Menschen Sinn zu bieten, indem sie ihm einen Platz in dieser Welt anweisen (Alt 1997). Der New-Age-Physiker Capra zum Beispiel erwartet „vollkommene Harmonie wissenschaftlicher Entdeckungen mit spirituellen Zielen und Glaubensvorstellungen" (Capra 1983[2]). Die esoterischen Schriften beeinflussen unsere Streitkultur, sie verleiten einige Zeitgenossen dazu, einen privilegierten Standpunkt beim Diskutieren einzunehmen. Denn die Esoteriker wähnen sich im Besitz besonderer Kenntnisse; sie stellen eher selten ihre Hypothesen zur Diskussion, weitaus häufiger verfügen sie über ein „ganzheitliches Wissen". Und auch mit ihren Erfahrungen können sie die Gesprächspartner beeindrucken: Ganzheitliche Wahrnehmungen, spirituelle Erfahrungen und transpersonale Erlebnisse gehören zu ihrem Repertoire. Es geht ihnen eher darum, richtig zu denken und die richtigen Erfahrungen zu machen und weitaus weniger darum, die Ergebnisse von Denkprozessen und Erfahrungen kritisch zu prüfen. Beim Diskutieren bedienen sie sich häufig relativistischer Argumentationsmuster. Die Esoteriker neigen deshalb zum Relativismus, weil sie in Alternativen denken: das neue und das alte Zeitalter, die mechanistische Wissenschaft und die ganzheitliche, das rationale Denken und das intuitive. Wer zum Beispiel im Rahmen der mechanistischen Wissenschaft verharrt,

105

so mag ein Esoteriker denken, kann die Leistungen der ganzheitlichen gar nicht richtig beurteilen. Esoterische Ansätze kommen der „menschlichen Illusionsbedürftigkeit" (Topitsch 1988) entgegen. Es ist nicht zuletzt deshalb so schwer, eine vernünftige Debatte mit esoterisch angehauchten Gesprächspartnern durchzuhalten. Im folgenden machen wir einmal den Versuch. Es treten vier Personen auf, Max und Meike, die esoterisches Denken verteidigen, Herbert, der gar nichts davon hält, und Heike, die wenig davon hält. Diese Auseinandersetzung können Sie zum Üben benutzen. Versuchen Sie herauszufinden, welche Fehler auftreten und wer am besten darauf reagiert.

Max: „Was Du, Herbert, etwas herablassend ‚Esoterik' nennst, ist für mich ein Zeichen, dafür, dass wir dabei sind, eine Wende zu vollziehen, wie das Capra ganz richtig in seinem Buch ‚Wendezeit' beschrieben hat. Der Weg, den wir nun beschreiten, verläuft vom Rationalen zum Intuitiven, vom Profanen zum Spirituellen, von der Entfremdung zur Versöhnung."

Heike: „Die Wirklichkeit wandelt sich ständig, aber ob sie die von Dir angedeutete Richtung nimmt, wage ich doch zu bezweifeln. Bei Euch beiden klingt das ja sehr verheißungsvoll."

Herbert: „‚Entfremdung', ‚Versöhnung', das sind solche Schlagworte, die man erst einmal definieren müsste."

Heike: „Das glaub' ich nicht. Max sollte die Entwicklungen, die er sieht, einfach genauer schildern. Welche Prozesse laufen Deiner Meinung nach ab?"

Max: „Da ist zum Beispiel die Wissenschaft. Die traditionelle Wissenschaft hat alles auf einfache Bausteine reduziert und kausale Beziehungen aufgestellt. Diese Art von Wissenschaft hat ausgedient."

Meike: „Genau, an deren Stelle treten ganzheitliche Ansätze, Theorien der Selbstorganisation. Kausales, rationales Denken wird von ganzheitlicher Intuition abgelöst. So gewinnen wir ein neues Weltbild, ein Bild von einem Kosmos, einem kreativen und dynamischen Universum, das wir Menschen als unsere Heimat betrachten können, mit dem wir verbunden sind."

Herbert: „Du schilderst die Entwicklung nicht ganz richtig. Erstens stimmen Deine Gegenüberstellungen nicht. Die heutigen Wissenschaften verfügen zwar auch über Theorien der Selbstorganisation zum Beispiel, aber deswegen verzichten sie ja nicht auf kausale Modelle und reduktionistische Vorgehensweisen. Sie tun das eine, ohne das andere zu lassen."

Meike: „Hast Du überhaupt Capra gelesen? Der zeigt doch, dass wir keine Erfolge mehr haben, wenn wir die komplexe, lebendige Wirklichkeit auf kleine Bestandteile zurückführen."

Max: „So ist es, die traditionelle Wissenschaft zerstückelt die Welt. Sie greift einfach zu kurz."

„Heike: „Nein, nein, nein, so stimmt das nicht. Es gibt zum Beispiel bemerkenswerte Erkenntnisfortschritte in der Teilchenpysik."

Herbert: „Und denk nur mal an das Beispiel Magenschleimhautentzündung."

Heike: „Ja, ganzheitliche Ansätze, ich meine psychosomatische, haben versucht, die Entstehung von Magenschleimhautentzündung zu erklären. Aber mittlerweile hat man ein Bakterium entdeckt, das eine kausale Rolle spielt. Mit Antibiotika lässt sich diese Krankheit wirkungsvoll und dauerhaft bekämpfen. Psychosomatische Theorien haben *vorhergesagt*, dass das nicht geht; dass wir damit die Symptome nur woanders hinschieben. Doch es treten keine weiteren Probleme auf. Mit dem Bakterium verschwindet die Magenschleimhautentzündung spurlos."

Max: „Da sind aber doch immer, bei jeder Krankheit, psychische Dinge im Spiel. Nicht jeder bekommt die Krankheit. Warum nicht? Weil die Immunabwehr auch von der Psyche beeinflusst wird."

Herbert: „Das ist jetzt aber ein Rückzugsgefecht. Psychische Faktoren spielen eine Rolle, einverstanden! Nur behaupten die psychosomatischen Erklärungsmodelle ursprünglich viel mehr. Heute können wir jedenfalls die Krankheit heilen, ohne auf ein sogenanntes ganzheitliches Verfahren zurückgreifen zu müssen."

Meike: „Ich glaube, wir verlieren uns hier in wissenschaftlichen Einzelheiten, die ..."

Heike: „Moment: Ihr habt eine Behauptung aufgestellt, und wir haben ein *Gegenbeispiel* angeführt, um zu zeigen, dass Eure Behauptung nicht zutreffend ist."

Max: „Meike meint doch folgendes: Diese Wende, die sich anbahnt, hängt nicht von einem Erfolg in einer wissenschaftlichen Disziplin ab. Wir befinden uns in einem übergreifenden Prozess, der nicht nur über die Wissenschaft hinausreicht, der sich vielmehr *auch der wissenschaftlichen Vernunft entzieht.*"

Herbert: „Das ist eine neue These. Eben habt Ihr die Wissenschaften ins Spiel gebracht, und ich will noch etwas zu den Hoffnungen sagen, die Ihr mit dem vermeintlichen Wandel verbindet."

Meike: „Das neue Weltbild ist lebendiger, stiftet wieder Heimat und Geborgenheit. Wir leben in einem kreativen Universum."

Herbert: „Warte mal, ich habe hier das Buch eines Philosophen, nämlich Franz Josef Wetz, daraus werde ich etwas vorlesen."

Max: „Wetz? Aus welcher Ecke kommt der? Welcher philosophischen Schule können wir ihn zuordnen?"

Herbert: „Weißt Du das, Heike?"

Heike: „Ja, aber hört doch erst mal zu, *was* er zu sagen hat."

Herbert: „Ausdrücke wie ‚kreatives Universum' usw. rufen falsche Assoziationen hervor. Personen – oder Lebewesen – können kreativ sein. Für uns spielt es keine existentielle Rolle, ob im Universum beispielsweise Prozesse der Selbstorganisation ablaufen. Dann sagt Wetz ‚wie das mechanistische ist auch das kreative, dynamische Universum unermeßlich, stumm, gleichgültig und ermangelt der Gastlichkeit und Bedeutsamkeit, welche uns die Welt zur Stätte der Geborgenheit werden lassen.'"

Meike: „Na ja, die Meinung eines Philosophen. Das ändert nichts an dem, was Max eben schon erklärt hat. Wissenschaft und Vernunft haben ihre Grenzen. Es gibt Erfahrungen, die darüber hinausweisen."

Heike: „Was sind das für Erfahrungen?"

Meike: „Gipfelerlebnisse, meditative Erfahrungen, in denen das Ganze der Welt aufleuchtet, Erfahrungen, die ein tiefes *Vertrauen* schenken. Carl Friedrich von Weizsäcker spricht davon, dass solche Erfahrungen *über das hinausgehen, was man mit Sprache zu sagen vermag.*"

Herbert: „Aber Du (und sicher auch Weizsäcker) verbindest mit solchen Erfahrungen doch bestimmte Erwartungen, bestimmte *Annahmen.*"

Heike: „Das kann gar nicht anders sein. Wenn, wie Du sagst, eine Erfahrung Vertrauen schenkt, dann ist das wohl ein Vertrauen, das sich auf etwas beziehen muss, *Es gibt kein hypothesenfreies Vertrauen* – und über die Thesen, die an das Vertrauen gekoppelt sind, können wir selbstverständlich diskutieren."

Max: „Ich sehe schon, wir kommen nicht weiter, wir gehen von sehr verschiedenen Voraussetzungen aus."

Heike: „Das muss aber nicht das Ende der Diskussion bedeuten. Wenn wir uns wirklich für diese Thematik interessieren, können wir auch diese Voraussetzungen, von denen Du sprichst, miteinander vergleichen. Wir könnten darüber hinaus prüfen, inwieweit sie mit den uns zugänglichen wissenschaftlichen Theorien und Befunden verträglich sind."

Max: „Heute hast Du wohl Deinen vernünftigen Tag, Heike; das hängt sicher mit dem Buch über richtiges Argumentieren zusammen, das du gerade liest."

Meike: „Wahrscheinlich ist der Autor einer dieser Vernunftapostel. Das Leben ist zum Glück keine Aneinanderreihung vernünftiger Debatten."

Herbert: „Das ist natürlich richtig. Mit unserer Sprache machen wir noch viele andere Dinge; die Art und Weise, wie wir miteinander reden, erzeugt zum Beispiel eine bestimmte Atmosphäre."

Max: „Sprache kann auch Vertrauen schaffen, es ist gar nicht gut, über alles vernünftig zu diskutieren. Damit kann man auch was kaputt machen."

Heike: „Stimmt, die Ergebnisse von Diskussionen können enttäuschend sein. Was wir tun, hängt doch von unseren Zielen ab. Vernünftig diskutieren zu können, ist eine von vielen Qualifikationen, wenn auch eine ziemlich wichtige. Wir entscheiden ja auch, jedenfalls hier im privaten Bereich, worüber wir diskutieren. Gerade haben wir übrigens aufgehört, über die Esoterik zu sprechen."

Max: „Eben in unserem Gespräch tauchte doch die Idee auf, dass die Vernunft Grenzen hat, und diese Grenzen müssen wahrscheinlich irgendwie mit der Leistungsfähigkeit vernünftiger Diskussionen zusammenhängen."

Meike: „Ja, was sagt denn dieser Autor dazu? Überschätzt er vielleicht die Möglichkeiten einer vernünftigen Auseinandersetzung?"

Heike: „Das glaub ich eigentlich nicht, darüber schreibt er auch was, aber so weit bin ich noch nicht. Das kommt noch."

Meike: „Aha, müsste er das nicht gleich am Anfang eines solchen Buches klarstellen."

Herbert: „Ich schaue mal nach."

Heike: „Lass das sein, es nervt schon, wenn Du ständig in einem Buch blätterst, während wir hier reden."

Herbert: „Dann eben nicht. Also ich sage Euch, wie ich die Sache sehe. Die Sprache versetzt uns in die Lage, über die Sprache nachzudenken, Thesen darüber zu formulieren, Theorien aufzustellen. Und wir können eben auch vernünftig über die Möglichkeiten und Grenzen vernünftiger Argumentation diskutieren."

13. Die Gesprächspartner – wie wir sie unterscheiden können

Offensichtlich unterscheiden sich die Gesprächspartner in vielerlei Hinsichten. Uns interessiert hier die Frage, inwieweit wir die anderen durch unsere Argumente beeinflussen können. Dass es in diesem Punkt deutliche Unterschiede gibt, haben wir alle schon häufig erfahren. Die Klassifikation von Gesprächspartnern, die Sie in diesem Kapitel kennen lernen, hilft Ihnen dabei, die Wirkungen Ihrer Argumente etwas besser einzuschätzen. Dieser Versuch, die vielen Menschen zu sortieren, denen wir argumentativ begegnen, stammt von Gerhard Vollmer (1993a), einem Philosophen und Wissenschaftstheoretiker. Die erste Klasse sind die *Unerreichbaren.* Wer kennt sie nicht? Sie hören nicht richtig zu, interessieren sich nicht für die Thematik und wollen sich keine

eigene Meinung bilden. Sie neigen dazu, Diskussionen für reine
Zeitverschwendung zu halten. Wenn wir realistisch bleiben wollen, müssen wir uns eingestehen: Da ist nichts zu machen. Wir
können niemanden mit Argumenten zwingen, auf Argumente zu
hören und über sie nachzudenken. Bei der zweiten Sorte von Gesprächspartnern sieht das schon ein wenig anders aus. Es handelt
sich dabei um diejenigen, die bereits eine *festgefügte Meinung*
zum Diskussionsthema vertreten, insbesondere eine, die der eigenen Auffassung widerspricht. Obwohl es wahrscheinlich nicht
gelingt, diese Sorte von Gesprächspartnern zu überzeugen, *sollten
wir nicht zögern, die Mittel vernünftiger Argumentation einzusetzen*. Zum einen bietet sich uns vielleicht die Chance, den gegneri-
schen Standpunkt noch etwas genauer kennenzulernen. Und die
anderen hören unsere Argumente, nehmen unsere Auffassung zur
Kenntnis und verstehen sie nach der Debatte besser als vorher.
Außerdem könnten, so Vollmer, einige Argumente doch noch eine
Langzeitwirkung entfalten. Kommen wir zur dritten Gruppe. Ihre Vertreter sind *derselben Ansicht*, sie hören die Argumente und
stimmen zu. Das heißt aber nicht, dass wir die Diskussion beenden sollten; denn wir können den Gesprächspartnern dabei
helfen, ihre Ansichten noch besser zu vertreten. Sie gewinnen womöglich neue Argumente, lernen, einen Einwand zu entkräften.
Und umgekehrt besteht auch für uns die Chance, etwas Neues zu
erfahren. Bei der vierten Sorte von Gesprächspartnern ist das anders; sie teilen den eigenen Standpunkt und *kennen darüber hinaus die Argumente und Thesen*. Eine wirkliche Diskussion kann
unter solchen Umständen nicht in Gang kommen. Diskussionsteilnehmer, die mit uns weitestgehend übereinstimmen, machen
wir zu Bündnispartnern, wenn wir mit Vertretern konkurrieren-
der Thesen argumentativ streiten. Schließlich gibt es noch eine
fünfte, sehr interessante Gruppe, nämlich die *Unentschlossenen*.
Die Chance, *meinungsbildend* zu wirken, ist hier am größten.
Manchmal geben sich diese Personen auch gleich zu erkennen, sie
sagen beispielsweise: „Ich finde das Problem spannend, aber eine
überzeugende Lösung kenne ich noch nicht." Oder: „Ich weiß
nicht recht, ob eine Abtreibung ethisch vertretbar ist."

Falls Sie diese Klassifikation überzeugend finden, gelangen Sie
wohl zu dem Schluss, dass sich argumentative Anstrengungen gegenüber drei der fünf Arten von Gesprächspartnern lohnen können.

14. Argumentieren und kommunizieren – die Botschaften des Körpers und der Stimme

Während wir diskutieren, uns mit Aussagen beschäftigen, zuhören und über mögliche Argumente nachdenken, kommunizieren wir unentwegt. Wir nehmen bei den jeweils anderen Signale wahr, ob wir das nun wollen oder nicht. *Diese Botschaften beeinflussen unser Verhalten*, auch diejenigen Botschaften, die wir nicht bewusst registrieren. Und umgekehrt gilt: Die nonverbalen Botschaften, die wir – bewusst oder nicht-bewusst – in die Welt schicken, haben Auswirkungen auf unsere Gesprächspartner. Es lohnt sich daher sehr, diese Signale zu kennen und zu nutzen. Nicht alles, was hierüber in den letzten Jahren zu lesen war, hält einer kritischen Prüfung stand. Über manche Aspekte unseres kommunikativen Verhaltens, beispielsweise über geschlechtsspezifische Anteile, wird noch heftig diskutiert.

Die Beschäftigung mit diesem Themenkomplex steht nicht im Widerspruch zu den beiden Basisregeln, die Sie im dritten Kapitel finden. Viele Leute haben sich zwar dazu verleiten lassen, alles durch die Kommunikationsbrille zu betrachten – und darüber vergessen sie oft das richtige Argumentieren. Das muss aber nicht sein. Wer Seminare zum Themenbereich „Kommunikation" besucht, beschäftigt sich meistens mit Ich-Botschaften, authentischem Verhalten, Meta-Kommunikation und anderen psychologischen Modellen, die mehr oder weniger plausibel, zuweilen auch schlicht falsch sind. Richtiges Argumentieren steht nicht im Programm. Der Kommunikationspsychologe Friedemann Schulz von Thun, dessen Arbeiten weite Verbreitung gefunden haben, räumt ein, dass seine Empfehlungen ein Kommunikationsideal nahe legten, das „teilweise einer neuen ,Schönheitskonkurrenz' Vorschub geleistet hat, bei der die ideale Sprechweise manchmal mehr wog als die Substanz des zu Sagenden" (1990, S. 13).

Wir versuchen in den nächsten Kapiteln, *Brücken zu bauen zwischen richtiger Argumentation und guter Präsentation*. Wir ziehen dabei Erkenntnisse der Biologie und der Psychologie heran, um Diskussionsprozesse zu fördern. Beginnen wir damit, folgende Fragen zu klären: Inwieweit ist die Art und Weise, wie wir Redebeiträge nonverbal gestalten, eine bloße Geschmackssache? Ist es nicht so, dass wir hier mit sehr unterschiedlichen kulturellen Gewohnheiten zu rechnen haben? Die Italiener gestikulieren viel, die Japaner dagegen sehr wenig. Gibt es also wirklich stichhaltige Empfehlungen für die *nonverbale Inszenierung von Redebeiträgen*? Tatsächlich scheinen sich die kulturellen Einflüsse in Grenzen zu halten. Die menschliche Kommunikation hat viele universelle, d.h. kulturübergreifende Aspekte. Verwunderlich ist das keineswegs. Die menschliche Mimik gehört zur biologischen Grundausstattung aller Menschen. Sie ist, vermutlich zum größeren Teil, ein Ergebnis der Evolution. Die Gesichter der Menschen drücken Emotionen aus. Japanische und amerikanische Versuchspersonen, die gemeinsam einen Film ansahen, wurden dabei heimlich mit der Videokamera beobachtet. Sie stimmten in ihrem Ausdrucksverhalten, ihrer Mimik, weitestgehend überein. Doch sobald der Versuchsleiter mit einem weißen Kittel den Raum betrat, zügelten die Japaner ihre Emotionen und lächelten häufiger. Wie die Analyse der Videoaufzeichnungen ergab, kamen die Gefühle aber trotzdem in raschen mimischen Andeutungen zum Ausdruck (Ledoux 1998). Zur biologischen Grundausstattung gehört auch die Atmung, die beim Reden eine große Rolle spielt. Innerhalb bestimmter Grenzen können wir den Vorgang des Atmens beeinflussen – und zwar so, dass unsere Präsentation dabei gewinnt.

Wir kommunizieren nicht nur mimisch, sondern mit unserem ganzen Körper; die Haltung, die Gestik und die Bewegungen des Körpers können den jeweils anderen etwas mitteilen. Hinzu kommen die *prosodischen Signale*, die wir während des Sprechens mit unserer Stimme senden: Lautstärke, Sprechgeschwindigkeit und die Betonung sind wichtige Beispiele hierfür. Auch in diesen Fällen zeigen interkulturelle Studien, dass viele – aber keineswegs alle – dieser Signale weltweit mehr oder weniger gut verstanden werden. So sind Menschen dazu in der Lage, die Stimmungen von Sprechern zu entschlüsseln, die Texte in einer fremden Sprache vortragen (Eibl-Eibesfeldt 1984). Dabei muss folgendes beachtet werden: Ein Signal kommt selten allein. Vielmehr wirken stets mehrere Signale bzw. Botschaften zusammen, die überdies in

Kontexten, etwa im Zusammenhang mit dem Inhalt einer Rede oder in einer bestimmten Situation (wie beispielsweise einem Streit unter Geschwistern), ihre Bedeutung entfalten. Viel hängt davon ab, ob ein Gesprächspartner *kongruent* kommuniziert, ob seine Botschaften also zueinander passen. Signale, die sich widersprechen, verwirren die Zuhörer, zum Beispiel wenn eine Rednerin etwas Trauriges erzählt und dabei entspannt lächelt.

Betrachten wir nun der Reihe nach wichtige nonverbale und prosodische Signale. In Gesichtern können wir lesen. Menschen sehen zum Beispiel traurig aus, freudig, nachdenklich, erschrokken oder wütend. Nicht nur Schauspielerinnen und Schauspieler, sondern alle Leute sind aber auch in der Lage, die Mimik teilweise zu steuern. So kann es gelingen, andere zu täuschen, anderen etwas vorzuspielen. Das ist nicht einfach, vor allem dann nicht, wenn starke Gefühlsregungen von uns Besitz ergreifen. Wenige Merkmale genügen übrigens, um Gefühlsausdrücke in einem Gesicht wahrzunehmen, wie die folgende Abbildung zeigt.

Abb. 2: Gesichter (Landau 1995, S. 178 f.)

Ein gut untersuchtes mimisches Signal ist der sogenannte *Augengruß:* ein *rasches* Heben und Senken der beiden Augenbrauen. Damit werden Kontakte hergestellt; auch beim Flirten spielt dieser Gruß, ein zumeist unbewusst ausgesandtes Signal, eine wichtige Rolle. *Lächeln* signalisiert Friedfertigkeit, Freundlichkeit, es ist aber auch ein beschwichtigendes Signal; zusammen mit einer etwas geduckten Körperhaltung demonstrieren Menschen damit sogar Unterwürfigkeit. Hochgezogene, etwas nach vorn gestellte

Schultern machen uns kleiner. Erinnern Sie sich nur an Charlie Chaplin, der dieses Verhalten perfekt inszenieren konnte. Diese Beispiele für nichtsprachliche Kommunikation mögen hier genügen. Wenn wir uns mit der richtigen Präsentation beschäftigen, machen wir uns solche Erkenntnisse zunutze. Weniger bekannt sind die prosodischen Signale, also die Signale, die die Stimme übermittelt. Die *Tonhöhenvariation* enthält Botschaften. Wenn Menschen sich bedrängt fühlen, unsicher und ängstlich werden, sprechen sie oft mit hoher Stimme. Wer „im Brustton der Überzeugung" redet, hat eine tiefere und sicherer klingende Stimme. Interessant ist, dass das *Sprechtempo* eine Signalbedeutung hat. So sprechen wir schneller, wenn wir mit Unterbrechungen rechnen – dieses Verhalten ist weit verbreitet. Ein hohes Sprechtempo verrät den Gesprächspartnern aber auch: Hier will jemand seinen Diskussionsbeitrag schnell hinter sich bringen – warum wohl? Vielleicht deshalb, weil der Betreffende Aussagen formuliert, die ihn unangenehm berühren, die er am liebsten vermeiden würde? Eine gute Aussprache ist ohnehin wünschenswert, denn sie erleichtert den Gesprächspartnern das Zuhören. Darüber hinaus unterstellen wir einem Menschen, der klar und deutlich redet, dass er auch geordnet, systematisch und klar denkt.

Frauen und Männer – wie verschieden reden und argumentieren sie?

Über die Unterschiede männlicher und weiblicher Kommunikation ist in den letzten Jahren viel diskutiert worden. Obwohl das menschliche Verhalten – das der Männer wie das der Frauen – nicht starr festgelegt ist, sondern vielmehr von kulturellen Einflüssen, aber auch von persönlichen Vorlieben und Entscheidungen beeinflusst wird, legen einige Theorien und Befunde doch nahe, dass wir mit Unterschieden im Redeverhalten der beiden Geschlechter rechnen müssen. Über die Ursachen dieser Unterschiede herrscht keineswegs Einigkeit. Während eine wachsende Zahl von Wissenschaftlern biologische Faktoren in Rechnung stellt, betonen andere mehr die Rolle des kulturellen Umfeldes und insbesondere der Erziehung. Wie auch immer – die folgenden Tendenzen sollten wir beachten:

1. Selbst wenn wir sehr aussagenbezogen und problemorientiert diskutieren, beeinflussen wir mit unseren Äußerungen auch die Beziehungen zueinander. Wir machen beispielsweise eine Geste der Geringschätzung, wir schütteln den Kopf oder vermeiden es, einen Gesprächspartner anzuschauen. Frauen scheinen mehr auf diese Signale zu achten und sie lassen sich mehr von ihnen beeindrukken. Sie sind wohl auch generell begabter darin, solche Botschaften angemessen zu deuten. Damit können Vor-, aber auch Nachteile verbunden sein. Von Vorteil kann es sein, wenn ich leichter herausfinde, in welcher Beziehung ein Gesprächspartner zu mir steht. Sobald ich allerdings zu sehr auf die entsprechenden Signale achte, fällt es mir schwerer, auf die Inhalte zu hören. Möglicherweise gelingt die Orientierung an den Aussagen dann weniger gut.

2. Frauen drücken beim Sprechen häufiger und deutlicher ihre Gefühle aus. Das tun sie, indem sie die Tonhöhen variieren (Eibl-Eibesfeldt 1984; Tannen 1993). Auch diese Fähigkeit kann sowohl Vor- als auch Nachteile mit sich bringen. Diejenigen, die gefühlsbetonter sprechen, wirken glaubwürdiger – sofern die Aussagen mit den übermittelten Emotionen im Einklang stehen. Auf der anderen Seite irritiert es manche Gesprächspartner, Männer häufiger als Frauen, wenn sie bei anderen Gefühle wahrnehmen. Eine allzu gefühlsbetonte Sprechweise trägt unter Umständen auch dazu bei, eine Diskussion zu ,erhitzen', also über Gebühr zu emotionalisieren. Ganz allgemein gesprochen haben wir aber mehr Gestaltungsmöglichkeiten in einer Diskussion, wenn wir in der Lage sind, prosodische Verständigungssignale zu erkennen und zu senden. So fällt es u. a. leichter, eine Phase der *Metakommunikation* einzuleiten; also über die Form, wie wir kommunikativ miteinander umgehen, zu sprechen. Etliche der beschriebenen Signale haben ja einen metakommunikativen Gehalt. Sie teilen etwas über die Art und Weise der Kommunikation mit, zum Beispiel, ob jemand gerne an der ablaufenden Diskussion teilnimmt. Allerdings ist die Metakommunikation bei nicht wenigen Leuten zu einem Selbstzweck geworden. Sie darf aber den Prozess vernünftiger Argumentation nicht überwuchern. In Diskussionen (und nicht nur dort) sollten wir uns daher zurückhalten und die Orientierung an den Aussagen und den Problemen als den Normalfall anstreben. Das meint auch die Linguistin Deborah Tannen, und sie führt noch einen weiteren Grund dafür an:

„Ein vorsichtiger Gebrauch der Metakommunikation empfiehlt sich auch, weil die Metakommunikation die Tatsache von Kommunikationsproblemen offiziell macht." Und das ist „in sich eine negative Metamitteilung, die wir vielleicht lieber vermeiden möchten ... Wenn der Gesprächspartner Ihnen nicht sehr nahesteht, kann das Reden über die Beziehung ihr einen vertraulicheren Rahmen geben, als dem anderen lieb ist." (Tannen 1993, S. 229).

3. Oft wird behauptet, dass die Männer den Frauen beim Diskutieren häufiger ins Wort fallen als umgekehrt, jedenfalls bei offiziellen und halb-offiziellen Anlässen – im privaten Bereich scheint es sich anders zu verhalten (Tannen 1993). *Häufiges* Unterbrechen ist sicher ein Störfaktor. Aber nicht jede Unterbrechung belastet eine Diskussion – es gibt nämlich konstruktive Einwürfe, die wir aufgreifen und sogar weiterführen können. Oder wir nehmen sie zur Kenntnis, um sie bei einer passenden Gelegenheit zurückzuweisen, zu modifizieren, zu unterstreichen. Wer allerdings häufig unterbricht, hat womöglich nicht gelernt zuzuhören; vielleicht will er auch demonstrieren, wieviel er über das Thema der Debatte weiß. In Fernsehdiskussionen kämpfen die Beteiligten auch um Rede- bzw. Sendezeiten.

4. Frauen tragen ihre Wünsche und Interessen eher indirekt vor; sie scheinen seltener unmissverständliche Forderungen zu stellen. Die eben schon erwähnte Linguistin, Deborah Tannen, vermutet, dass diese „Indirektheit von Frauen" mit dem Wunsch nach Bindung zusammenhängt. Sie wollen weniger etwas direkt durchsetzen, sondern gemeinsam zu einem Ergebnis gelangen und damit auch einen „Beziehungserfolg" erringen. Diese indirekte Redeweise birgt das Risiko, weniger klar zu sein. Sie kann jedoch, und das dürfte manchmal ein Vorteil sein, mäßigend, ausgleichend wirken.

5. Männer, so heißt es oft, erwarten schnelle Lösungen, handfeste Ergebnisse und Entscheidungen. Sie verlieren leichter die Geduld. Hinter dieser Tendenz steckt zuweilen die Absicht, kritische Argumente gar nicht erst zum Zuge kommen zu lassen.

6. Während Frauen häufiger von *eigenen* Erfahrungen berichten – und diese auch argumentativ verwenden, um ihre Aussagen zu stützen –, neigen Männer eher zu einer abstrakten Redeweise. Im 10. Kapitel haben wir ja schon erörtert, weshalb der Rückgriff

auf Erfahrungen problematisch ist und wie wir damit umgehen sollten. Heikel ist insbesondere die Verwendung persönlicher Erfahrungen, die die anderen oft gar nicht nachvollziehen können, die ihnen, anders formuliert, überhaupt nichts sagen. Richtig verfahren wir, wenn wir Erfahrungen als Gegenbeispiele anführen, wenn wir auf Erfahrungen hinweisen, die gar nicht auftreten dürften, die einer These widersprechen. Darüber hinaus können Erfahrungen dazu dienen, einen Sachverhalt zu veranschaulichen. Außerdem macht es bekanntlich Spaß, über eigene Erlebnisse zu berichten, Erfahrungen auszutauschen – dann haben wir den Bereich der argumentativen Auseinandersetzung aber schon verlassen.

7. Frauen scheinen bei heftiger Kritik eher den Eindruck zu gewinnen, dass sie selbst – als ganze Person – abgelehnt werden und nicht nur die Auffassungen, die sie gerade vertreten. Während Männer, so Barbara Schlüter-Kiske, eher gekränkt sind, wenn jemand ihre schönen Ideen auseinandernimmt, fühlen sich Frauen verletzt.

8. Interessant ist auch die These von Sprachforschern, dass Frauen eher als Männer den Akzent oder Dialekt annehmen, der mit einem höheren Sozialstatus einhergeht (Lyons 1992[4]), auch wenn diese Beobachtung für die Praxis vernünftiger Argumentation keine Rolle spielt.

Es ist, wie Sie sicher bemerkt haben, nicht so einfach, diese mutmaßlichen Unterschiede, die mal mehr, mal weniger auftreten, im Hinblick auf das richtige Diskutieren zu bewerten. Manchmal sind mit bestimmten Tendenzen Vorteile und manchmal eben auch Nachteile verbunden. Die folgende Tabelle enthält Empfehlungen, die die jeweiligen geschlechtsspezifischen Neigungen berücksichtigen. Allerdings sollten Sie diese Anregungen nicht zu ernst nehmen. Es handelt sich um Denkanstöße. Am besten benutzen Sie diese Tabelle, um Ihr eigenes Verhalten, insbesondere bei offiziellen Anlässen, kritisch zu prüfen.

Tabelle 3: Empfehlungen unter Berücksichtigung der geschlechtsspezifischen Neigungen

Empfehlungen für Frauen	Empfehlungen für Männer
Denken Sie daran, dass Metakommunikationen vom Thema wegführen und die Gesprächspartner verletzen können.	Registrieren Sie auch die nonverbalen Signale Ihrer Gesprächspartner.
Erwarten Sie von Diskussionen nicht, dass Ihre Wünsche nach Nähe, Bindung, Übereinstimmung erfüllt werden. Dazu sind Diskussionen einfach nicht da, sie machen keine guten Gefühle.	Bei vernünftig geführten Diskussionen geht es nicht um Sieg oder Niederlage. Sie befinden sich nicht im Krieg.
Sollten Sie häufig unterbrochen werden, halten Sie sich an die Empfehlungen, die im Kapitel 15 (Abschnitt „Richtig sprechen") stehen.	Lernen Sie im Kapitel 15, Redepausen als Bestandteile einer guten Präsentation zu schätzen und nicht nur als Gelegenheit, den anderen ins Wort zu fallen.
Begrüßen Sie Kritik an Ihren Aussagen! Diese Kritik richtet sich nicht gegen Ihre ganze Persönlichkeit.	Zeigen Sie Ihren Gesprächspartnerinnen, dass sie deren Aussagen diskutieren wollen.
Nicht Gefühle und Erfahrungen sind die Gegenstände einer Debatte, sondern Aussagen, darunter auch solche, die an Erfahrungen und Gefühle geknüpft sind. Nehmen Sie *in Diskussionen* ihre eigenen Erfahrungen nicht zu ernst!	Versuchen Sie gar nicht erst, Gefühle und Erfahrungen zu bestreiten! Beschäftigen Sie sich mit den daran geknüpften Thesen!
Wenn Sie den Eindruck haben, dass die männlichen Gesprächspartner schnell ein argumentativ nicht gedecktes Ergebnis zustande bringen wollen, haken Sie nach! Lassen Sie sich von den nonverbalen Signalen (nervöse Gesten, mitleidiges Kopfschütteln etc.) nicht beeindrucken!	Verlieren Sie nicht gleich die Geduld, wenn andere, insbesondere die weiblichen Gesprächspartner, unerwartete Argumente vorbringen oder Fragen stellen. Noch Fragen zu haben ist gar nicht so selten ein Indiz für Intelligenz. Hören Sie also genau zu!

15. Gut präsentieren, vernünftig argumentieren

Fahren wir nun damit fort, Brücken zu bauen zwischen vernünftiger Argumentation und überzeugender Präsentation. Dabei berücksichtigen wir auch die wissenschaftlichen Erkenntnisse, die im vorausgegangenen Kapitel erwähnt werden.

Manche Leute vermeiden es, sich mit Präsentationstechniken zu beschäftigen. Was zählt, so behaupten sie, sind doch allein die Inhalte und die Qualität der Argumente; denn Sprechtechnik, Gestik und diverse rhetorische Mittel richten unsere Aufmerksamkeit auf die Äußerlichkeiten, schlimmstenfalls dienen sie der Manipulation und Verblendung. Gelegentlich hören wir die folgende Meinung: Diskussionen und Vorträge sollen keine Show-Veranstaltungen sein, also nicht der Unterhaltung dienen. Das ist aber der Fall, sobald die Präsentation in den Vordergrund rückt und die Inhalte verdrängt. Richtig an solchen Überlegungen ist, dass jedes Mittel der Präsentation für unterschiedliche Zwecke eingesetzt werden kann, natürlich auch, um anzugeben und sich selbst darzustellen. Aber das sollte kein Anlass dafür sein, das Kind mit dem Bade auszuschütten. Es hängt ja von uns ab, wie wir die einschlägigen Techniken einsetzen. Sie helfen uns dabei, Thesen und Argumente deutlicher und überzeugender vorzutragen, ja im wahrsten Sinne des Wortes hörbarer zu machen und spannender zu gestalten. Wir können niemanden mit Argumenten zwingen, auf unsere Argumente zu achten, aber wir können versuchen, die anderen hierfür zu motivieren, deren Interesse zu wecken. Damit haben wir auch schon die Frage beantwortet, was eine überzeugende Präsentation auszeichnet, woran wir sie messen sollen. *Wer gut präsentiert, erleichtert seinen Gesprächspartnern das Zuhören.* Zuhören ist nicht, wie zuweilen behauptet wird, ein passives Verhalten, ein bloßes Konsumieren von Informationen. Im Gegenteil: Diejenigen, die gut zuhören, üben eine anspruchsvolle und anstrengende Tätigkeit aus. Aus eigener Erfahrung wissen wir: Beim Zuhören tauchen viele Gedanken auf; manchmal stimmen wir einem Gesprächspartner zu, manchmal haben wir Zweifel, und wir entwickeln Gegenargumente und ziehen eigene Schlüsse. Eine gute Präsentation unterstützt solche Prozesse. Mit den Empfehlungen auf den nächsten Seiten helfen Sie aber nicht nur den Zuhörerinnen und Zuhörern, sondern vor allem auch sich selbst. Sie optimieren Ihr Redeverhalten und beeinflussen positiv Ihre Befindlichkeiten. Einige der Vorschläge können Sie sofort – bei Ihrem nächsten Redebeitrag – umsetzen, während andere ein mehr oder weniger umfassendes Training erfordern. Wenn Sie Ihre Beiträge richtig präsentieren, dann gelingt es Ihnen eher, *sich selbst zuzuhören*. Das mag vielleicht etwas sonderbar klingen. Doch während wir diskutieren, verfolgen wir unsere Argumente, wir wägen sie noch einmal ab, bevor wir ein weiteres Argument anschließen. Oder wir greifen auf eine Behauptung zurück, die wir wenige Minuten zuvor aufgestellt haben. So fördert eine gelungene Präsentation die vernünftige Argumentation. Sie bringen sich in eine Lage, in der es Ihnen leichter fällt, Ideen und Argumente zu sammeln, zu ordnen und zu finden.

Richtig vorbereiten

Gesprächspartner, die gut vorbereitet sind, haben in der Regel die besseren Karten. Wie Sie die Rahmenbedingungen einer Diskussion im Vorfeld beeinflussen können, steht bereits im 4. Kapitel. Jetzt stellen wir die Frage, wie Sie sich auf eine Rede oder eine Diskussion *mental* vorbereiten. Es ist ziemlich offensichtlich, dass Sie überzeugender argumentieren und treffender kritisieren können, wenn Sie viel über das Thema wissen. Deshalb wohl vertreten einige Zeitgenossen die Meinung, Diskussionen seien Veranstaltungen für Experten. Diese Ansicht ist falsch. Zunächst einmal gehören wir alle in gewisser Weise zu den Experten, wenn es um die Frage geht, wie wir leben wollen oder auch sollen, eine Frage, die in vielen Varianten bei Diskussionen eine Rolle spielt. „Sollen gentechnisch veränderte Lebensmittel gekennzeichnet werden?" ist eine solche Frage. Sie berührt nämlich *auch* unsere Vorstellungen darüber, wie und was wir essen wollen und wie die Verbraucher informiert werden sollen. Dazu können wir auf jeden Fall etwas sagen. Eine Kennzeichnungspflicht ist ein Mittel, um ein oder mehrere Ziele zu erreichen. Also fragen wir uns vor der Debatte: Akzeptieren wir das Ziel? Ist die Kennzeichnung das geeignete Mittel hierfür? Um die zweite Frage diskutieren zu können, brauchen wir Informationen über diese Maßnahme und deren voraussichtliche Wirkungen. Außerdem benötigen wir ein paar einschlägige wissenschaftliche Erkenntnisse (bzw. Hypothesen), die sich zwar nicht auf das vorgeschlagene Mittel beziehen, für das Thema aber trotzdem bedeutsam sind. Haben gentechnisch manipulierte Nahrungsmittel irgendwelche Auswirkungen – positive oder negative – auf den menschlichen Organismus, beispielsweise auf das Verdauungssystem? Träfe dies zu, hätten wir einen triftigen Grund gefunden, um die Kennzeichnungspflicht einzuführen (vielleicht sogar einen Grund, um diese Sorte von Nahrungsmitteln überhaupt abzulehnen). Es ist nicht erforderlich, die gesamte wissenschaftliche Literatur hierüber zu kennen. Und sicherlich spielen viele Details bei dieser Diskussion keine Rolle. Mehr und mehr Wissensbestände liegen in einer für Laien aufbereiteten Form vor, in populären Sachbüchern und Zeitschriften wie zum Beispiel „Bild der Wissenschaft". Und damit verfügen wir schon über ein zweites Argument, warum Diskussionen keineswegs nur exklusive Veranstaltungen für Experten sein sollten: Wir benötigen nicht das gesamte Expertenwissen, um über ein Problem zu sprechen, sondern lediglich einige wichtige *Resultate* der Forschung. Und außerdem: In Diskussionen über ein Gebiet, von dem wir wenig verstehen, können wir schließlich mehr darüber erfahren, indem wir zuhören und uns vielleicht darauf beschränken, kluge Fragen zu stellen. Diskussionen sollten wir daher auch als Anlässe für Lernprozesse betrachten.

Zur mentalen Vorbereitung auf eine Diskussion gehört auch, sich klarzumachen, dass *hinter vielen Themen große Fragen lauern*, in unserem Beispiel etwa die Frage, ob wir überhaupt gentechnisch veränderte Nahrungsmittel erzeugen sollen. Nicht zuletzt deshalb fällt es uns oft schwer, beim eigentlichen Thema zu bleiben. Bestimmt nutzen einige Gesprächsteilnehmer das Problem „Kennzeichnungspflicht", um grundsätzlichere Fragen ins Spiel zu bringen. Schon vor der Debatte sollten wir überlegen, ob wir in diesem Fall fordern, die Basisregel Nr. 2 einzuhalten. Möglicherweise erscheint uns eine (gewisse) Ausweitung des Themas sogar sinnvoll. Vorbereitet an einer Diskussion teilzunehmen heißt auch, *die ei-*

genen Erwartungen und Ziele zu kennen. Will ich in erster Linie *lernen*, neue Ideen und Argumente hören? Geht es mir vor allem darum, die anderen von einer Hypothese, einem Werturteil, einer Norm, einem Ziel oder einem Mittel zu *überzeugen*? Will ich also Recht behalten? Oder ist mir insbesondere daran gelegen, einen bestimmten Standpunkt (These, Ziel, Norm, Mittel) gründlich zu *kritisieren*? Je nachdem, wie wir diese Fragen beantworten, setzen wir Akzente bei unserer Vorbereitung. Bitte glauben Sie nicht, Ihre Ziele und Erwartungen automatisch zu kennen!

Ein weiterer wichtiger Faktor bei der Vorbereitung sind die Gesprächspartner und die Zuhörer. Wer wird dabei sein? Welche mutmaßlichen Erwartungen, Kenntnisse und Überzeugungen bringen die anderen mit? Versuchen Sie, mit Hilfe der von Vollmer vorgeschlagenen Klassifikation Ihre Gesprächspartner einzuschätzen. Und selbstverständlich spielt die Gesprächssituation eine Rolle. Müssen wir uns auf eine öffentliche oder (eher) private, eine mehr formelle oder mehr informelle, eine angespannte oder entspannte Gesprächssituation einstellen (Kienpointer 1996)? Nützlich ist sicherlich, Ideen und Argumente – stichwortartig – festzuhalten. In einem zweiten Schritt sollten Sie die Argumente nach ihrer Schlagkraft ordnen, wichtige von weniger wichtigen trennen und thematisch gruppieren. Dabei sollten Sie auch unsere Aussagen-Klassifikation zu Rate ziehen. Eine Rede sollten Sie nicht ablesen; auf einem oder mehreren Zetteln stehen die wichtigsten Punkte in Kurzfassung, wie Sie diese Zettel richtig benutzen, steht weiter unten. Wenn Sie eine gute Rede halten wollen, hängt viel von der Gliederung ab. Damit beschäftigen wir uns im folgenden Abschnitt.

Gut gliedern

Eine gute Gliederung trägt entscheidend dazu bei, das Zuhören zu erleichtern. Sie stiftet Ordnung und macht damit die Rede nachvollziehbar. So gelingt es auch eher – falls das unser Ziel ist –, die anderen zu überzeugen. Im 5. Kapitel wurde bereits eine Gliederung vorgestellt. Dort ging es um ein Anwendungsbeispiel für unsere Klassifikation von Aussagen. An dieser Stelle greifen wir diese nützliche Gliederung wieder auf.

1. Ausgangspunkt/ Schwierigkeiten/ ungünstige Entwicklung	In den letzten Jahren hat die Jugendkriminalität zugenommen.
2. Mutmaßliche Ursachen	Diese besorgniserregende Entwicklung hängt mit vielen Faktoren zusammen. Ich nenne die drei wichtigsten: Erstens: Eltern und auch Lehrer versäumen es, den Kindern verbindliche Regeln ... usw.
3. Zielangabe	Die Jugendkriminalität sollte wieder auf den Stand der fünfziger Jahre gebracht werden.
4. Mittel	Aber wie gelingt uns das? Hier drei Vorschläge: Erstens: Wir machen eine Werbekampagne für eine werteorientierte Erziehung usw.
5. Appell	Helfen Sie mit, diese Maß- nahmen zu verwirklichen!

Mit dieser Gliederung stellen wir eine *Problemsituation* dar. Es gibt einen negativ bewerteten Ausgangszustand bzw. eine Entwicklung, ein Ziel und einen mutmaßlichen Weg dorthin, auf dem mehr oder weniger große Hindernisse liegen. Die Rede präsentiert das *Ergebnis* der Bemühungen, eine Lösung für dieses Problem herbeizuführen. In einer Diskussion (die vielleicht nach dem Vortrag in Gang kommt) können alle Elemente der Gliederung, also informative, normative und technologische Aussagengebäude in Frage gestellt werden. Schon die Beschreibung des Ausgangspunktes enthält womöglich Fehler. Beispielsweise haben nur bestimmte Delikte – in bestimmten Altersgruppen – zugenommen, andere sind sogar rückläufig. Des weiteren halten womöglich nicht alle Hypothesen einer kritischen Prüfung stand. Auch das Ziel muss so keineswegs akzeptiert werden. Vielleicht ist es zu hochgesteckt, vielleicht war die Jugendkriminalität in den fünfziger Jahren sogar recht hoch. Und schließlich stellt sich die Frage, ob die vorgeschlagenen Mittel das Ziel erreichen und welche sonstigen Konsequenzen mit ihnen verbunden sind. In einer konstruktiven und kritischen Diskussion kann die gesamte im Referat dargestellte Problemsituation verändert werden, unter anderem deshalb, weil eine Auseinandersetzung mit technologischen Aussagen auch unsere Vorstellungen über die Mittel beeinflusst (Albert 1992). Es ist wichtig, dieses Wechselspiel zwischen normativen und technologischen Aussagen gut nachzuvollziehen. Das sollte man bei der Präsentation der Argumente berücksichtigen.

Diskussionen über ethische Probleme haben Konjunktur. Das liegt vor allem daran, dass neue technische Entwicklungen uns in Situationen bringen, die einer Regelung bedürfen. Ein bekanntes Beispiel hierfür sind medizinische Eingriffe, die Fragen, die sich mit dem Thema „Sterbehilfe" befassen, unabweisbar machen. Wie gliedern wir eine solche *moralische Argumentation*? Ein Vorschlag:

1. Zustände/Vorgänge im fraglichen Bereich	Im Medizinbetrieb wird das Sterben oft über Gebühr – und gegen den Willen von Betroffenen – hinausgezögert. (2, 3 Beispiele) Unter dem Eindruck des Leidens praktizieren Ärzte nicht selten eine mühsam verschleierte Sterbehilfe. (Beispiel)
2. Wertvorstellungen und Normen als (Mit-)Verursacher	Verantwortlich hierfür sind auch überholte Wertvorstellungen, die gut klingen und intuitiv einleuchten, aber in der Praxis wenig taugen: Leben ist der höchste Wert, Ärzte müssen immer Leben schützen usw.
3. Kritik der Werte und Normen	Das bloße Überleben sollte nicht so hoch bewertet werden. Aus der Sicht der Betroffenen und (vielleicht) der ihnen nahe stehenden Menschen ist das Leben zwar unter vielen, aber nicht unter allen Bedingungen ein hoher Wert. Wertkonflikte herausarbeiten: Entscheidungsfreiheit gegen ärztliche Pflichten etc.

| 4. Alternative(n) | Konkrete Regelungen, evtl. einen Gesetzentwurf vorstellen, wodurch *die Probleme gelöst oder entschärft werden können*. |
| 5. Appell | Diskutieren Sie meine Vorschläge in den fünf Arbeitsgruppen! |

Diese Gliederung ähnelt der vorherigen. Das normative Regelwerk, das unter Punkt 4 vorgestellt wird, dient der Lösung eines Problems, *es ist ein Mittel*, um ein Handlungsfeld besser zu gestalten.

Die nächsten Vorschläge für Gliederungen eignen sich für informierende Vorträge und Referate. Es ist dabei kein Gliederungspunkt für normative Aussagen vorgesehen. Wenn Sie eine *erfolgreiche* Theorie vorstellen wollen, die eine bestimmte – oder mehrere – Fragen beantwortet, können Sie folgendermaßen vorgehen:

1. Frage(n)/Problem(e)	Beispiel: Warum gibt es eine so enorme Vielfalt von Lebewesen?
2. Theorien, die darauf antworten	Die verschiedenen Arten ändern sich durch Anpassung an unterschiedliche Umgebungen. Die Hälse der Giraffen z.B. wurden immer länger wegen des hoch und höher hängenden Futters usw.
3. Kritische Einwände	Diese Theorie (von Lamarck) scheitert an den Erkenntnissen der Genetik. Die Veränderungen im Erbgut sind keine Folge der Umgebung usw.
4. Eine bewährte Theorie	Die moderne Evolutionstheorie erklärt die Vielfalt so: …
5. Offene Fragen/ Kontroversen	Verläuft die Evolution kontinuierlich oder gibt es Sprünge?

Die Evolutionstheorie hat keine ernsthafte Konkurrentin; sie ist ein enorm erfolgreiches Forschungsprogramm. Doch oft sind sich die Wissenschaftler nicht so einig. Es herrscht dann Theorienkonkurrenz, vieles erscheint unklar. Dann dürfte die folgende Gliederung geeigneter sein:

1. Frage(n)/Problem(e)	Beispiel: Warum erkranken immer mehr Menschen an Krebs?
2. Konkurrierende Antworten: verschiedene Thesen/ Theorien	– Die Lebenserwartung nimmt zu, Krebs ist eine Alterserkrankung. – Die Umwelt verursacht Krebs bzw. die vielen Gifte. – Unsere Lebensweise spielt die entscheidende Rolle. Ernährung, Bewegungsmangel etc.
3. Vorzüge und Mängel der verschiedenen Thesen (Was spricht für und gegen die eine, was für und gegen die andere?)	Z.B. kulturübergreifende Statistiken: Je höher die Lebenserwartung, desto häufiger Krebs usw.
4. Fazit evtl. Verbesserungsvorschläge, Theorien verknüpfen	Ernährung und Umwelt sowie Viren spielen eine Rolle, das Alter jedoch die Hauptrolle.
5. Offene Fragen/ Prüfschritte	Wie hoch sind die Risiken natürlicher und technisch erzeugter Strahlen? usw.

Das waren zwei Beispiele aus dem Bereich der Wissenschaft. Ohne Mühe können Sie die Gliederungen benutzen, um mehr alltägliche oder berufspraktische Themen zu gliedern. Es müssen auch keine konkurrierenden Hypothesen zur Diskussion stehen; die Gliederung erfüllt auch dann ihren Zweck, wenn es um technologische Aussagen geht:

1. Wie verbessern wir das Betriebsklima?

2. Verschiedene Vorschläge (Mittel): regelmäßige Gespräche, Raucherzonen, externe Beratung usw.

3. Vorzüge und Mängel der einzelnen Vorschläge, z.B.: Gespräche kosten Zeit (Nebenwirkung) usw.

4. Fazit: Verbesserungsvorschläge, zwei, drei Mittel gleichzeitig einsetzen usw.

5. Prüfschritte vorschlagen: Erfolge und Misserfolge werden in bestimmten Abständen diskutiert.

6. Hier eignet sich ein Appell, um das Ende der Rede zu gestalten. „Liebe Kolleginnen, liebe Kollegen, über das Ziel, unser Betriebsklima zu verbessern, sind wir uns einig. Ich habe Ihnen einige Wege aufgezeigt, um dieses Ziel zu erreichen. Jetzt bitte ich Sie darum: Diskutieren Sie über diese Vorschläge, damit wir gemeinsam eine Entscheidung treffen können!"

Von Karl Popper, einem einflussreichen Philosophen, stammt die folgende Gliederung. Sie kommt in Frage, wenn Sie selbst eine Untersuchung durchgeführt oder gründlich recherchiert haben und zu einem Ergebnis gelangt sind. Sie stellen dabei konkurrierende Thesen vor und *begründen, warum die Gesprächspartner eine dieser Thesen akzeptieren sollten.*

1. Frage(n)/Probleme	Erhielt Mozart ein Armenbegräbnis, starb er als armes, verkanntes Genie?
2. Hypothesen, verbreitete Ansichten	Mozart wurde in einem Armengrab verscharrt, ohne Trauerfeier usw.
3. Eine alternative Beschreibung, Hypothese, Theorie	Kein Armenbegräbnis, normaler Verlauf, mehrere Trauerfeiern
4. Prüfschritte	Vergleiche mit anderen Begräbnissen, Test mit Hilfe von Dokumenten, u. a. der Begräbnisordnung
5. Resultate	Damals gab es in Wien keine Armenbegräbnisse, Trauerfeier war nicht Bestandteil des Begräbnisses, Constanze verhielt sich angemessen.
6. Abschließende Bewertung, offene Fragen	Etliche Biografien enthalten schwere Fehler, Constanzes Verhalten muss anders bewertet werden usw.

Solche Gliederungen helfen auch dabei, kleinere Diskussionsbeiträge zu strukturieren, etwa zu Beginn einer Diskussion, wenn Sie aufgefordert werden, Ihren Standpunkt kurz darzulegen. Also: „Viele Leute glauben noch immer, dass Mozart arm und verkannt in einem Armengrab verscharrt wurde. Seine Witwe, die etwas zwielichtige Constanze, so wird behauptet, verhielt sich unangemessen, unter anderem, weil sie nicht an der Beisetzung teilnahm. Aber stimmt das überhaupt? Nein, alles ging mit rechten Dingen zu. Constanze verhielt sich im Rahmen der Konvention. Mozarts Begräbnis war ein Standardbegräbnis, die Gebühren hierfür wurden entrichtet, während sie bei Bestattungen armer Leute entfielen. Und diese Behauptungen können wir prüfen. Dazu müssen wir Mozarts Begräbnis mit den Begräbnissen zeitgenössischer Künstler vergleichen. Wir müssen uns die verfügbaren Dokumente anschauen, zum Beispiel die Begräbnisordnung, und Mozarts finanzielle Situation erforschen. Und genau das haben ein paar kluge Leute getan. Inzwischen zeichnet sich folgendes Bild ab: Im Wien der damaligen Zeit gab es keine Armengräber, wie aus der Begräbnisordnung klar hervorgeht. Trauerfeiern waren nicht an die Beisetzung gekoppelt. Für Mozart fanden mehrere solcher Feiern statt, eine davon in Prag, der Stadt seiner großen Triumphe. Prunkvolle Bestattungen, die es durchaus gab, widersprachen den Ansichten der (josephinischen) Aufklärung, Ideen, die Mozart vermutlich teilte. Mozart verdiente gut, lebte aber auf großem Fuß. Er hatte Schulden, was damals üblich war, aber auch Forderungen; denn er verlieh größere Beträge. Nun, manches muss anders bewertet werden, etwa Constanzes Verhalten. Außerdem sollten die gewonnenen Erkenntnisse angemessen in den Schulbüchern berücksichtigt werden. Da wartet noch einige Arbeit auf die Fachdidaktiker."

Nachdem wir Reden gegliedert haben, beschäftigen wir uns noch mit den beiden folgenden Fragen: Wie gestalte ich den Anfang meiner Rede? Und: Wie beende ich meine Rede? Einen Teil der Antwort auf diese Fragen finden Sie im 16. Kapitel. Dort geht es um die nonverbale Gestaltung, hier allein um die sprachliche Strukturierung.

Von Lemmermann (1997[6]) stammt der Vorschlag, vier „Einleitungstechniken" zu unterscheiden: den Aufhänger, den direkten Einstieg, den Denkreis und den Vorspann. Der *Aufhänger*, den viele Redner verwenden, hat einen unmittelbaren Bezug zum Thema. In Frage hierfür kommen Beispiele, kleine Erfahrungsberichte oder eine Meldung in den Medien. Das Thema des Vortrags wird daran sozusagen „aufgehängt". Ein Aufhänger hat die Funktion, die Zuhörerinnen und Zuhörer auf das Thema einzustimmen, neugierig zu machen. Der *Vorspann* dagegen dient als Eisbrecher. Ein Publikum, das – aus welchen Gründen auch immer – eine große Distanz zum Redner hat, können wir mit einem Vorspann mit uns ein wenig vertraut machen. Einen direkten Bezug zum Thema hat der Vorspann demnach nicht. Dagegen kommen wir mit den beiden anderen Eröffnungsvarianten sofort zur Sache. Der *Denkreiz* beginnt mit einer, zwei oder höchstens drei Fragen, die im Verlauf der Rede beantwortet werden. Diese Einleitung setzt eine gute nonverbale Eröffnung voraus (Kap. 16). Auch die andere Einleitung, der *direkte Einstieg*, erfordert, dass wir wirklich präsent sind. Die Blicke der Zuhörer sind schon auf uns gerichtet, das Murmeln hat aufgehört. Beide Einleitungen haben den Vorteil, sofort beim Thema zu sein, also keine Zeit zu verlieren. Sie wirken dynamisch, der Denkreiz auch kommunikativ – vor allem dann, wenn die Anrede „Meine Damen und Herren" beispielsweise nicht an den Anfang gesetzt, sondern in den ersten Satz eingebaut wird, etwa so:

„Die Zahl tödlicher Verkehrsunfälle, meine Damen und Herren, ist seit ein paar Jahren rückläufig. Über die Ursachen dieser Entwicklung informiere ich Sie in den nächsten dreißig Minuten."

Oder:

„Warum geht die Zahl tödlicher Verkehrsunfälle weiterhin zurück? Weshalb bleibt seit ein paar Jahren die Zahl schwerer Unfälle konstant, obwohl das Verkehrsaufkommen ständig wächst? Das sind die beiden Fragen, meine Damen und Herren, die ich nun beantworte."

Ein möglicher Aufhänger für dieses Thema sieht so aus:

„Meine Damen und Herren, vorgestern hat das Verkehrsministerium die neuesten Statistiken über Unfälle vorgelegt. Bestimmt erinnern Sie sich noch an die Berichte in den Nachrichtensendungen. Unfälle mit Todesfolgen sind seit längerer Zeit rückläufig, so dass wir einmal im Jahr diese erfreuliche Meldung hören. Und Jahr für Jahr stellen die Nachrichtensprecherinnen fest: Diese Entwicklung hängt mit den hohen Sicherheitsstandards zusammen. Doch was steckt genau dahinter? Welche Faktoren sind für den Rückgang tödlicher Verkehrsunfälle verantwortlich? Das werde ich Ihnen, meine Damen und Herren, nun ausführlich erläutern."

Und jetzt ein Vorspann:

„Meine sehr geehrten Damen und Herren, es freut mich, dass Sie gekommen sind, um sich mit dem Thema des heutigen Abends auseinanderzusetzen. Die Unfallforschung ist ja kein spektakuläres Fach, in den Medien taucht sie eher selten auf. Und wer wird schon gerne an Unfälle erinnert, die doch jeden von uns treffen können? Mein Physikprofessor sagte vor mehr als zwanzig Jahren einmal zu mir: ‚Die Ursachen von Unfällen zu erforschen und darüber nachzudenken, wie wir Unfälle verhindern, ist eine wichtige Arbeit. Man bekommt keine Preise dafür – schon gar keinen Nobelpreis, und das öffentliche Interesse ist gering. Aber man trägt dazu bei, Menschen das Leben zu retten.‘ Ich glaube, es war diese Bemerkung, die mich letztlich dazu gebracht hat, Unfallforschung zu betreiben. Die Entwicklung der letzten Jahre auf diesem Gebiet ist, wenn Sie so wollen, eine Erfolgsstory. Wir wissen heute mehr denn je über Unfallursachen, und wir haben gelernt, viele Unfälle zu vermeiden. Heute Abend, meine Damen und Herren, beschäftigen wir uns mit einer bestimmten Sorte von Unfällen: den Verkehrsunfällen, die tödlich ausgehen."

Welche dieser Einleitungen Sie wählen, hängt vor allem von den Zuhörerinnen und Zuhörern ab. An deren Erwartungen, Vorwissen und Interessen sollten Sie denken. Eine Rolle bei der Entscheidung spielt aber auch, welcher Einstieg am besten zu Ihnen passt, wie Sie selber gerne beginnen möchten. Der Aufhänger und der Vorspann erfordern ein, zwei Sätze, die zum Hauptteil der Rede überleiten. Es ist ratsam, sich *diese Sätze vorher auszudenken*. Viele Redner lernen auch die ersten drei oder vier Sätze – den wichtigen Anfang – auswendig. Das erleichtert den Start.

Den Schluss einer Rede zu gestalten, ist nicht so einfach, aber eine lohnenswerte Aufgabe. Denn das Publikum erinnert sich gerne an den letzten Teil einer Rede und besonders gerne an ein gut konstruiertes Ende. Doch häufig hören wir Sätze wie: „Damit bin ich mit meinen Ausführungen am Ende angelangt. Ich bedanke mich für Ihre Aufmerksamkeit." Na ja, das reißt die Leute wohl nicht vom Stuhl, etwas Besseres sollte uns schon einfallen. Fragen wir zunächst: Wie sollten – unabhängig von den Inhalten – die letzten zwei oder drei Sätze einer Rede aussehen? Drei Merkmale sind wichtig: 1. Die Sätze, vor allem der allerletzte, sind kurz. 2. Die Sätze geben sich als Schluss-Sätze zu erkennen; sie bedürfen keiner weiteren Markierung („Nun will ich meine Rede beenden, indem ich …"). 3. Die Sätze sollten möglichst kommunikativ sein. Ein Satz, der diese drei Bedingungen erfüllt, ist ein *Imperativsatz*. Sofern ein Appell ans Ende einer Rede passt, sollten wir nach einem kurzen Satz mit einem Ausrufezeichen suchen. „Liebe Kolleginnen, liebe Kollegen, ich fordere Sie auf: Unterstützen Sie die Vorschläge unserer Arbeitsgruppe!" Eine andere Möglichkeit ist, am Ende einer Rede einen guten Spruch oder eine kluge Bemerkung zu zitieren. Odo Marquard beendete einen Vortrag beispielsweise folgendermaßen: „Am besten ist es, nicht geboren zu sein; doch – wem passiert das schon." (Marquard 1995) Nicht wenige Redner stehen auf dem Standpunkt, dass es die Höflichkeit gebiete, sich am Ende einer Rede zu bedanken. Das mag bei bestimmten Anlässen angebracht sein, aber eine generelle Regel sollten wir daraus nicht machen. Die Zuhörer sind Ihnen nämlich dankbar, wenn Sie einen guten Auftritt erleben – und das zählt. Falls Sie sich am Ende eines Vortrags dennoch bedanken wollen, empfehle ich, dies in ganzen Sätzen zu tun – also nicht einfach „Danke" (wie Guildo Horn) oder „Danke für die Aufmerksamkeit" zu sagen. Und erfinden Sie alternative Formulierungen statt der abgedroschenen Standardsätze, mit denen Sie Ihr Publikum langweilen!

Richtig sprechen

Auch das richtige Sprechen erfordert eine gewisse Übung. Aber es ist nicht so schwierig, wie zuweilen behauptet wird. Ein methodischer Ansatz, um die Sprechtechnik zu optimieren, beginnt schlicht mit den häufigsten Fehlern. Die Fehler müssen zunächst einmal erkannt werden – man muss sich selber dabei ertappen. Anschließend liegt die Aufgabe darin, die Fehler abzubauen. In einem *guten* Trainingsseminar geht das, jedenfalls bei den meisten Fehlern, ziemlich schnell. Unser Kriterium, den Zuhörern das Zuhören zu erleichtern, hilft uns dabei, die Fehler aufzuspüren. Demnach machen wir etwas falsch, sobald wir in einer Weise sprechen, die es den anderen schwer macht, uns zu folgen. Das ist zum Beispiel der Fall, wenn wir *viele lange Sätze* konstruieren. Damit überfordern wir die Zuhörer – und häufig sogar uns selbst. Denn es ist nicht ganz einfach, längere und dazu noch kompliziert aufgebaute Sätze, richtig zu Ende zu bringen. Oft genug passiert es, dass Redner die Anfänge ihrer langen Sätze schlicht vergessen. Die dann unvermeidlichen grammatischen Fehlkonstruktionen machen es den Gesprächspartnern noch schwerer, den Ausführungen zu folgen. Übrigens sollten wir auch beim Schreiben keine allzu langen – jedenfalls keine Bandwurm-Sätze – verwenden. Lebendig und unterhaltsam sind Variationen. Kürzere Sätze fügen wir mit mäßig langen zu einem Text zusammen. Wie man es nicht machen sollte, zeigt das folgende Beispiel:

„Es dürfte keinem Zweifel unterliegen, dass, wenn Menschen das Wort ergreifen, Reden halten, miteinander Gespräche führen, an Diskussionen teilnehmen, sie häufige Fehler begehen, deren Relevanz für das Verstehen von gesprochenen – aber auch schriftlich fixierten – Texten in mehreren Untersuchungen von namhaften Wissenschaftlern nachgewiesen wurde. Einem der häufigsten Fehler, dem Bilden langer Sätze, liegen neben schlichter Gewöhnung vermutlich auch noch personale Faktoren zugrunde, wobei wir davon ausgehen dürfen, dass die Eitelkeit mancher Autoren sowie das offenbar unabweisbare Bedürfnis, sich selbst darzustellen und die Leser durch überaus komplexe, wichtig klingende Formulierungen vom eigenen Sachverstand zu überzeugen, eine nicht zu unterschätzende Rolle spielen dürften.“

Der erste Satz enthält eine „dass wenn“-Konstruktion, die beim Sprechen häufig verwendet wird. Davor möchte ich ausdrücklich warnen. Außerdem stehen in beiden Sätze zu viele Substantive. Wollen Sie eine kleine Übung machen? Versuchen Sie, meinen kleinen Text zu verbessern, indem Sie die zwei missratenen Sätze in ein paar klare, kürzere Sätze verwandeln. Das Ergebnis können Sie später an den Hinweisen messen, die Sie in dem Abschnitt „Verständlich formulieren“ finden.

Ein verbreiteter Fehler beim Sprechen ist, das Ende von Sätzen nicht zu markieren. *Die Stimme muss am Satzende gesenkt werden.*

Beim lauten Lesen machen das die meisten Leute richtig. Beim Sprechen hingegen heben viele Gesprächspartner die Stimme. Wie wir im letzten Kapitel gesehen haben, drücken Menschen in allen

Kulturen damit auch ihre Unsicherheit, ja ihre Unterlegenheit aus. Auf jeden Fall geben wir den Zuhörern – und leider auch uns selbst – das Signal: Der Satz ist nicht zu Ende, er geht noch weiter. Dann hängen wir meistens einen Nebensatz an und schlittern so in den eben erörterten Fehler, zu lange Sätze zu bilden. Oder wir fahren mit „und" fort. Danach folgt zwar oft ein vollständiger Satz, der als solcher aber nicht erkennbar ist. Wir haben ihn ja mit „und" angehängt. Beim Sprechen klingt das so: „Und ich sage Ihnen, in allen Kulturen ist das ein Ausdruck der Schwäche, und auf jeden Fall geben wir das Signal, dass der Satz noch weitergeht, und dann hängen wir noch einen Nebensatz dran." Diese Art zu sprechen ist sehr weit verbreitet. Wer davon loskommen will, sollte daran denken, dass die beiden Fehler (lange Sätze, Stimme nicht senken) zusammenhängen. Die richtige Methode beim Üben besteht deshalb darin, sich darauf zu konzentrieren, die Stimme am Satzende zu senken. Das ist eine wichtige Voraussetzung dafür, überhaupt kürzere Sätze bilden zu können. Hin und wieder begegnet man zwar Menschen, die am Satzende ihre Stimme oben lassen oder noch anheben und trotzdem kurze Sätze zustande bringen. Aber das ist keine Alternative. *Wer ein kompetenter Gesprächspartner sein möchte, muss lernen, das Satzende deutlich zu markieren.* Daran führt kein Weg vorbei. Falls Sie ein Modell brauchen, das für Sie das Ende von Sätzen markiert, dann hören Sie aufmerksam einer Nachrichtensprecherin zu. Vielleicht gewinnen Sie dabei aber auch den Eindruck, dass der Vortrag zuweilen wenig lebendig, gar farblos wirkt. Woran mag das liegen? Zum einen reihen die Sprecher manchmal Sätze aneinander, die in etwa gleich lang sind. Es fehlt die Variation, es fehlen kurze prägnante Sätze, die mit längeren kontrastieren. Zum anderen sind die Sprecherinnen ja gehalten, neutral vorzutragen. Deshalb variieren sie nur mäßig die Lautstärke und die Tonhöhe. Sie drücken keine Emotionen aus. Das ist keine Kritik, nur eine Feststellung; denn es gibt gute Gründe dafür, die Nachrichten in diesem Stil vorzutragen.

Ein weiterer Fehler – mittlerweile der dritte – ist das *schnelle Sprechen,* das ebenfalls eine Botschaft enthält: „Hoffentlich habe ich es bald hinter mir." Ja, hoffentlich, denkt insgeheim das geplagte Publikum, das nur mit Mühe einem Schnellsprecher zu folgen vermag. Diejenigen, die zu schnell sprechen, müssen lernen, sich zu stoppen. In diesem Fall trifft voll und ganz die Behauptung zu: Übung macht den Meister. Lautes Lesen macht es einfacher, das richtige Tempo zu finden. Sofort danach sollte man frei sprechen, ohne dabei schneller zu werden. So lässt sich auch eine fließende Sprechweise trainieren, womit wir beim nächsten, dem vierten Fehler sind: der stockenden und abgehackten Rede. *Stockendes Sprechen* entsteht dadurch, dass an den falschen Stellen – inmitten von Sätzen – Pausen auftreten. Am Ende eines Satzes kann – und soll auch oft – eine Pause gemacht werden. Auch die Kommata können wir mit Hilfe einer kleinen Pause sprachlich gestalten. Doch die Pausen innerhalb von Sätzen belasten eine Rede. Sie erscheint schleppend und damit wenig überzeugend. Wer gar *abgehackt* spricht, kombiniert zwei Fehler: falsche Pausen und ein hohes Sprechtempo. Deshalb ist es verkehrt, einer stockend sprechenden Person den Rat zu erteilen, schneller zu werden. Sie darf auf keinen Fall schneller, sie muss vielmehr fließender sprechen.

Falsches Atmen beeinträchtigt immer die Sprechweise. Deshalb tun wir gut daran, uns ein wenig mit der Atmung zu befassen. Beim Aus- und Einströmen der Luft wird der Brustkorb verkleinert bzw. vergrößert. Dies geschieht zum einen durch die Muskeln zwischen den Rippen, die den Brustkorb heben: Luft strömt in die gedehnten Lungen. Erschlaffen die Muskeln, entweicht ein Teil der Luft wieder nach außen. Das ist die sogenannte Brust- oder Hochatmung. Bei der Bauchatmung dagegen zieht sich das Zwerchfell, ein Muskel, der in den Brustraum hineinragt, zusammen. Er sinkt nach unten, wobei der Brustraum vergrößert wird: Luft strömt ein (und gleicht den entstandenen Unterdruck aus). Das Ausatmen erfolgt, während das Zwerchfell erschlafft; das ist, wie bei der Brustatmung, ein passiver Vorgang. Der Brustkorb erweitert sich ziemlich gleichmäßig nach allen Seiten, wenn wir Brust- und Zwerchfellatmung kombinieren. Auf diese Weise kann viel Luft ein- und ausströmen. Im Zustand der Ruhe sind die Phasen des Aus- und des Einatmens ungefähr gleich lang. Das ändert sich, sobald wir sprechen. Einem kurzen Einatmen folgt ein langsamer „Verbrauch" der Luft. Das zeigt Ihnen die folgende Abbildung:

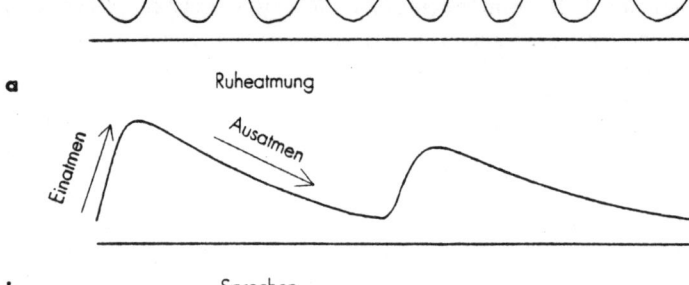

a Ruheatmung

b Sprechen

Abb. 3: Atmung (Mathelitsch/Friedrich 1995, S. 20)

So atmen wir richtig, und Untersuchungen haben gezeigt, dass geübte Sprecher besonders rasch einatmen und lange mit der eingeatmeten Luft auskommen. Ein anderer Fehler, der fünfte in diesem Abschnitt, besteht darin, *zu tief einzuatmen*, zu viel Luft zu holen, insbesondere am Beginn einer Rede. Auch dieses Fehlverhalten kommt häufig vor. Dabei haben die Betroffenen *oft das trügerische Gefühl, über wenig Luft zu verfügen,* und sie beginnen nach Luft zu schnappen. Wer so atmet, neigt außerdem dazu, *den Atem anzuhalten*, wenn er beim Sprechen ins Stocken gerät oder, was ja meist richtig ist, eine kleine Pause einfügt. Die Luft wird festgehalten (Fehler Nummer 6). Dagegen helfen, neben den Tips im nächsten Kapitel, die folgenden Maßnahmen und Überlegungen: Manchmal haben Sie den Drang, tief durchzuatmen. Diesem Bedürfnis dürfen Sie ruhig nachkommen. Nur: Lassen Sie sich Zeit, Zeit, die Sie für das Ausatmen brauchen. Das Gefühl der Entspannung, der Entlastung stellt sich ein, wenn Sie ausatmen – und nur dann! Salopp formuliert: Beim Sprechen ist das Ausatmen wichtiger als das Einatmen. Daran sollten Sie denken. Leider täuscht uns auch in diesem Fall wieder unser Gefühl. Wir glauben, dass uns die Zeit fehlt, die Pausen kommen uns sehr lang vor, viel länger als sie tatsächlich sind. Eine weitere einfache Maßnahme ist, unmittelbar vor dem Sprechen etwas *Luft abzulassen*. Meistens geschieht das Gegenteil, wer das Wort ergreift, holt erst einmal tief Luft. Wenn Sie ein wenig Luft ablassen, klingt Ihre Stimme fester – und diese Erfahrung trägt dazu bei, dass Sie sich sicherer fühlen, was wiederum Ihre Gesprächspartner spüren.

Diese schlichte Maßnahme, die noch nicht einmal Übung erfordert, sollten Sie zum festen Bestandteil Ihres Verhaltensrepertoires machen. Ein weiterer Fehler, der siebte, ist das gewohnheitsmäßige *Räuspern* und *Husten*. Damit setzen Sie Ihrem Kehlkopf arg zu, sie schaden Ihrer Stimme.

Die Tatsache, dass uns die Pausen beim Sprechen so lang vorkommen, ist vermutlich die Hauptursache für den Fehler Nummer 8: Die meisten Leute entwickeln keine ausreichende *Pausentechnik*. Dabei sind Pausen ein hervorragendes Mittel, um Diskussionsbeiträge und Reden wirkungsvoll und überzeugend zu gestalten. Pausen erhöhen die Spannung, mit ihnen können wir sogar die Aufmerksamkeit unserer Gesprächspartner steuern. Nehmen wir als Beispiel einen Appell „Meine Damen und Herren, ich appelliere an Sie: Nehmen Sie an der Kundgebung teil!" Sprechen Sie diesen Satz einmal mit und einmal ohne Pause(n), das wird Sie überzeugen. Vor dem Appell, also nach dem Doppelpunkt, ist eine Pause erforderlich. Beginnen Sie mit dieser Pause zu spielen, indem sie deren Länge variieren, verleihen Sie der Pause Bedeutung. Lernen Sie, solche Pausen wahrzunehmen und Ihre Diskussions- und Redebeiträge damit zu gestalten. Ihr Publikum oder Ihre Gesprächspartner hören die Pausen auf jeden Fall, meist nicht bewusst, aber sie lassen sich von ihnen beeindrucken. Damit verfügen Sie auch über ein *Mittel, um kompetent mit Unterbrechungen umzugehen.* Statt schneller zu sprechen, was viele tun, operieren Sie mit Pausen – und mit Ankündigungen. Nehmen wir an, während einer Diskussion fallen uns drei Argumente ein. Wie präsentieren wir diese? Am besten so: „Gegen die Maßnahme, die Sie gerade vorschlagen, habe ich drei Einwände: (Pause) Erstens: (kleine Pause!) Sie ist zu teuer, momentan reichen unsere Mittel nicht aus. Zweitens: (kleine Pause) usw. Bitte beachten Sie: *Die drei Argumente werden deutlich voneinander getrennt.* Oft hören wir, wie Diskussionsteilnehmer ihre Argumente in einen einzigen Satz packen, aber jedes einzelne soll gut verstanden werden und seine volle (argumentative) Kraft entfalten. Also nicht: „Gegen die Maßnahme, die Sie gerade vorschlagen habe ich *drei Einwände*, nämlich erstens will ich darauf hinweisen, dass die Maßnahme zu teuer ist, wo doch jeder weiß, dass unsere Mittel momentan nicht ausreichen, und zweitens wäre da zu nennen …" Aber was hat das mit den Unterbrechungen zu tun, vor denen sich viele Gesprächspartner unnötigerweise fürchten? Die Ankündigung, die auch eine Strukturierungshilfe darstellt, weckt Erwartungen bei den anderen; sie wissen, dass sie drei Argumente zu hören bekommen. Wenn jemand unterbricht, haben wir dann die Möglichkeit, *auf unsere eigene Ankündigung zurückzugreifen*, unabhängig davon, ob wir die Unterbrechung gleich einbauen, verschieben oder ignorieren wollen. „Mit Ihrem Einwurf könnten Sie richtig liegen. Lassen Sie uns das später prüfen. Ich hatte Ihnen vorhin *drei* Einwände versprochen. Einen bin ich noch schuldig geblieben. Dieser lautet: ...“ Sie haben mit dieser Methode nicht immer Erfolg; es gibt keine Garantien beim Diskutieren, aber die Chance wächst, dass sich die Gesprächspartner bei dieser Vorgehensweise besser auf Sie einstellen.

Der neunte Fehler ist die schlechte Aussprache. „Hauptsache, ich werde verstanden“, scheinen viele Gesprächspartner zu denken. Gegen ‚Einfärbungen‘, die die Herkunft einer Rednerin verraten, ist nichts einzuwenden. Problematisch wird es allerdings, wenn es den Gesprächspartnern schwerfällt zuzuhören.

Was eine undeutliche Aussprache kennzeichnet, dürfte allgemein bekannt sein: Silben werden verschluckt, die Zähne nicht auseinandergenommen, die Laute nicht deutlich gebildet. Konsonanten wie t und d klingen sehr ähnlich, ebenso ich und isch. Das sind keine Kleinigkeiten, und zwar aus folgendem Grund: *Deutlichkeit spart Lautstärke.* Wer undeutlich spricht, muss lauter sprechen, um Gehör zu finden. *Dabei gehen wertvolle Gestaltungsspielräume verloren.* Denken Sie nur an ein leises, eindringliches Sprechen! Oder denken Sie an Situationen, in denen Hintergrundgeräusche zu hören sind, Sie aber trotzdem etwas sagen wollen oder müssen. Die Beziehung zwischen Deutlichkeit und Lautstärke ist ein triftiger Anlass, die eigene Aussprache zu optimieren. Versuchen wir es doch einmal. Sprechen Sie laut das Wort „andauernd“ aus. Machen Sie dabei die Zähne auseinander? Hören Sie das „au“, das „er“ und das „nd“ wirklich deutlich? Ja! Gut, dann versuchen Sie es mit dem Wort „entscheidend.“ Hört man das sch und die Unterschiede zwischen dem t und dem d? Richtig schwer fällt es vielen Leuten, „griechische Geschichte“ auszusprechen, und das ist tatsächlich auch nicht einfach. Sie befinden sich in durchaus guter Gesellschaft, wenn es Ihnen nicht auf Anhieb gelingt. Eine hilfreiche Strategie ist, zunächst laut abzulesen. Manchmal hilft es, in Schritten das Ziel anzusteuern: Schade, Schicht, Geschichte. Wahrscheinlich kennen Sie die Methode, einen Korken locker zwischen den Vorderzähnen zu halten und dabei so deutlich wie möglich zu sprechen: „Es ist ganz entscheidend, sich andauernd mit griechischer Geschichte zu beschäftigen." (Für den Anfang wählen Sie lieber einen etwas leichteren Satz.) Anschließend legen Sie den Korken beiseite und sprechen denselben Satz noch einmal. Dann wiederholen Sie diese sehr nützliche Übung.

Die meisten Menschen erheben ihre Stimme, sobald sie lauter sprechen. Dies als Fehler Nummer 10 zu bezeichnen, ist vielleicht doch etwas streng. Sagen wir lieber: So ist es nicht optimal. Redner und Rednerinnen, die *Tonhöhe und Lautstärke (teilweise) entkoppeln* können, haben große Vorteile. Im Übrigen ist das auch ein Merkmal der ausgebildeten Singstimme. Um dieses Ziel zu erreichen, brauchen wir ein längeres Training und etwas Durchhaltevermögen. Zu den Bestandteilen eines solchen Trainings gehören Übungen wie die folgende: Sie stehen gerade, beide Füße sind gleichmäßig belastet. Sie beginnen leise, und nicht zu tief, den Vokal anzustimmen. Dann werden Sie kontinuierlich lauter, wobei Sie versuchen, die Tonhöhe „unten zu halten" ja sogar noch etwas in die Tiefe zu gehen. Dabei ist wichtig: Nicht schreien, nicht pressen, nicht zu sehr anstrengen. Solche Übungen sollte, zumindest am Anfang, ein Trainer unterstützen. Sie erfordern Disziplin, aber es macht auch viel Freude, allmählich die eigene Stimme kontrollieren zu können.

Verständlich formulieren

In der Forschung hat man herausgefunden, dass es *vier Merkmale der Verständlichkeit* gibt, nämlich: Einfachheit, Gliederung/Ordnung, Kürze/Prägnanz, anregende Zusätze (Langer/Schulz von Thun/Tausch 1990[4]). Wer einfach formuliert, konstruiert kurze Sätze, verwendet geläufige Wörter und erklärt die Fachausdrücke, die im Redebeitrag vorkommen. Außerdem ist der Text konkret und anschaulich. Dazu ist einschränkend zu sagen: Wir sollten uns bemühen, konkret und anschaulich zu sprechen, aber wir sollten auch wissen, wo die Grenzen dessen liegen (Kap. 5). Wenn wir ein Referat über abstrakte Zusammenhänge halten, prüfen wir selbstverständlich, inwieweit wir diese veranschaulichen können. Folgende Methoden kommen hierfür in Frage:

1. *Wir geben ein Beispiel.* Richtig gewählt sind die Beispiele, wenn sie im Erfahrungshorizont der Gesprächspartner liegen. Nehmen wir an, eine Biologin versucht in einem populärwissenschaftlichen Vortrag an der Volkshochschule, ihren Zuhörern den katastrophenträchtigen Prozess der Evolution anhand der großen Perm-Katastrophe verständlich zu machen. Damit nennt sie zwar ein Beispiel für eines der großen Massensterben, doch können die meisten ihrer Zuhörer mit dem Begriff „Perm-Katastrophe" nichts anfangen; sie verbinden damit nichts. Sie wissen nicht, dass die Referentin hier an einen Vorgang denkt, der etwa 245 Millionen Jahre zurückliegt. Es handelt sich also um ein schlecht gewähltes Beispiel. Ganz anders verfährt die Autorin einer populären Einführung in die Chemie, einem kleinen Büchlein, das keine einschlägigen Kenntnisse voraussetzt. Sie bemüht sich, Erinnerungen an die Schulzeit, also zurückliegende Erfahrungen, wachzurufen: „Ein paar Beispiele können vielleicht dabei helfen, sich zu veranschaulichen, was alles Chemie ist ... – Aus dem Schulunterricht ist den meisten sicher noch so manche Säure bekannt, etwa Salzsäure, Schwefelsäure, Salpetersäure, vielleicht sogar auch Flußsäure" (Bilow 1999, S. 20).

2. *Wir zeigen ein Modell.* Ein Lehrer erklärt seinen Schülern, wie eine Dampfmaschine funktioniert. Auf dem Tisch steht eine kleine, von einer Schul-AG zusammengebaute Dampfmaschine, ein Modell, mit dem er seine Erläuterungen veranschaulicht. Ein anderes Modell, das unzählige Schulbücher schmückte, ist das alte Atommodell von Rutherford. Die meisten Leserinnen und Leser kennen es wahrscheinlich – oder habe ich mein Beispiel womöglich schlecht gewählt? Ein dicker Punkt in der Mitte, der Atomkern, um ihn herum ein paar Kreise, die Elektronenbahnen mit jeweils kleinen Punkten: den Elektronen. Die Verwendung dieses Modells zum Zwecke der Veranschaulichung zeigt zugleich auch, wie rasch die Erkenntnisfortschritte den Modellen davonlaufen können. Denn die moderne Atomtheorie macht es uns schwerer, anschauliche Modelle für ihre Aussagen zu finden – ein so schönes, leicht nachvollziehbares Modell wie das von Rutherford steht uns dafür jedenfalls nicht mehr zur Verfügung.

3. *Wir verwenden eine Analogie.* Das Rutherford-Modell ist auch ein Beispiel für eine Analogiebildung. Eine Analogie ist eine Art Vergleich, bei der ein vertrauterer Sachverhalt an die Stelle des zu erläuternden gesetzt wird. So zeigt dieses Modell, dass der Aufbau eins Atoms einem Sonnensystem ähnelt, mit dem Atomkern in der Mitte. Um ihn kreisen die Elektronen, so wie die Erde und andere Planeten um die Sonne. (Das ist zwar eine schöne Analogie, doch entspricht sie auf keinem Fall mehr der modernen Atomtheorie.)

4. *Wir bilden Kontraste, wir sagen, was die Theorie verbietet.* Hierbei handelt es sich um ein *sehr wichtiges Verfahren*, das bei Präsentationen komplizierter Inhalte viel zu wenig genutzt wird. Wir alle tragen eine Menge Ansichten mit uns herum, Ansichten des sogenannten gesunden Menschenverstandes. Wir hören etwas Neues, lernen etwas dazu, vergessen dabei aber, die alten Ansichten zu prüfen – wir schleppen sie weiter mit. Nehmen wir an, ein Referent habe gerade erklärt, dass moderne Gesellschaften nur schwer – wenn überhaupt – zu lenken sind; er hat Hypothesen vorgetragen und Beispiele genannt, in denen Entwicklungen völlig anders verliefen als es die Akteure (wie Politiker) geplant hatten. Um dies zu unterstreichen, grenzt er seine Darstellung noch gegen eine gängige Meinung ab:

„Es gibt in unserer Gesellschaft Gruppen, die darauf setzen, dass künftig mehr Frauen politische Verantwortung übernehmen. Damit verbinden viele die Hoffnung: Politik wird dann anders, die gesellschaftliche Entwicklung nimmt einen anderen Verlauf. Meine Damen und Herren, machen Sie sich bitte klar, dass diese Hoffnungen ganz unbegründet sind, wenn stimmt, was wir hier diskutiert haben. Es mag tausend gute Gründe geben, sich Frauen an die Macht zu wünschen – mit einem nachhaltigen Einfluss auf gesellschaftliche Prozesse dürfen wir aber nicht rechnen."

Weil diese Methode so wichtig ist, möchte ich noch ein zweites nennen – das Beispiel einer Biologin, die ausgeführt hat, was die Evolutionstheorie über die Welt behauptet, und dann erklärt: „Wenn die Evolutionstheorie zutrifft, und das scheint ja der Fall zu sein, treffen andere Thesen eben nicht zu. Die Evolution hat keine eingeschriebene Richtung, sie verläuft ohne irgendein Ziel. Der Mensch ist daher auch nicht das Endprodukt dieser Entwicklung. Die Evolution hat in diesem Sinne kein Ende, keinen Abschluss, sie erlischt einfach eines Tages, wenn bestimmte kosmische Bedingungen zusammenbrechen."

5. *Wir stellen ein Gedankenexperiment vor.* Menschen neigen dazu, die Dynamik von Entwicklungen zu unterschätzen. Die meisten Leute denken intuitiv an eine allmählich ansteigende Kurve, wenn sie hören, dass eine Bevölkerung um 1% wächst. In Wirklichkeit ist der Anstieg zunächst zwar wirklich bescheiden, doch rasch wird daraus eine exponentiell verlaufende Entwicklung, eine richtige Katastrophe. Machen wir zur Veranschaulichung ein kleines Experiment. Wir beginnen mit einem einzigen Bakterium, das wir unter idealen Bedingungen gedeihen lassen. Es teilt sich nach genau zwanzig Minuten, aus diesen beiden Bakterien werden in zwanzig Minuten vier und nach weiteren zwanzig Minuten sind es bereits acht. Stellen Sie sich vor, wir ließen diesen Versuch 1, 5 Tage laufen. Unser Labor würden nicht nur aus allen Nähten platzen; wir hätten sogar genügend Bakterien, um die gesamte Erdoberfläche mit einer 30 cm dicken Bakterienschicht zu bedecken (Campbell 1997).

Der Veranschaulichung dienen bekanntlich diverse Medien, auf die wir noch zu sprechen kommen. Jetzt geht es erst einmal weiter mit dem nächsten Merkmal für verständliche Formulierungen.

Gliederung/Ordnung: Formulierungen, die dieses Merkmal aufweisen, machen dem Zuhörer das Zuhören leicht, weil sie ihm einen roten Faden bieten. Ein gut gegliederter, folgerichtiger und übersichtlicher Redebeitrag, der das Wesentliche herausstreicht – etwa durch Ankündigungen mit guten Pausen – hilft den Gesprächspartnern, bei der Sache zu bleiben. Dieses Merkmal sollte, wie auch das vorherige, ausgeprägt sein, während es bei dem nächsten, *Kürze und Prägnanz*, mehr auf die richtige Dosierung ankommt. Den Gegenpol hierzu bilden weitschweifige Redner, die sich im Unwesentlichen verlieren und – gemessen an den Inhalten – viel zu lange sprechen. Aber wir dürfen unsere Thesen und Argumente auch nicht zu dicht formulieren. Wer nämlich zu viele Informationen in wenige Sätzen hineinpackt, mutet den anderen einiges zu. Ein einziger Augenblick der Unaufmerksamkeit – und schon hat der Gesprächspartner etwas Wichtiges verpasst. Langer u. a. geben hierfür das folgende Beispiel, bei dem die erste Fassung weitschweifig, die zweite kurz und prägnant ist:

1. Was ist Raub? „Ja, Raub, das darf man nicht machen. Raub ist ein verbotenes Verbrechen. Man darf es nicht mit Diebstahl verwechseln. Diebstahl ist zwar auch ein Verbrechen, aber Raub ist doch noch etwas anderes. Angenommen, jemand raubt etwas. Was heißt das? Das heißt: Er nimmt einem anderen etwas weg, was ihm nicht gehört, um es für sich zu behalten. Das ist natürlich nicht erlaubt. Jetzt muss aber noch etwas hinzukommen: Während der Verbrecher die Sache wegnimmt, wendet er Gewalt an gegenüber dem Anderen, zum Beispiel: er wirft ihn einfach zu Boden – oder er schlägt ihn bewusstlos, dass er sich nicht mehr wehren kann. Es kann aber auch sein, dass er nur droht, dem anderen etwas anzutun. Auch dann ist es Raub, und der Mann (oder die Frau) wird wegen Raubes bestraft.“

2. Was ist Raub? „Ein Verbrechen. Wer einem anderen etwas wegnimmt, was ihm nicht gehört, um es zu behalten, begeht Raub. Hinzukommen muss, dass er dabei Gewalt anwendet gegen den Anderen oder ihn bedroht.“

Das vierte und letzte Merkmal, die *anregenden Zusätze*, haben auch einen Unterhaltungswert. Dazu dienen diverse rhetorische Mittel, von denen Sie bereits einige kennen gelernt haben.

1. Fragen: Fragen sind kommunikativ; sie beziehen die Gesprächspartner ein. Der Denkreiz, einer unserer Eröffnungszüge, ist hierfür ein Beispiel. Bei Fragesätzen heben wir am Ende die Stimme, während wir sie ansonsten ja senken. Um den Unterschied sofort zu hören, sollten Sie laut die beiden folgenden Sätze lesen: Wie spät ist es? Es ist genau drei Uhr und fünfzehn Minuten. Fragen wirken eindringlicher, wenn ihnen eine Pause folgt.

2. Anreden: Auch das ist eine Methode, die Zuhörer einzubinden. Wir sprechen sie an, wir reden *mit ihnen*. Statt also zu sagen: „Man sollte beim Diskutieren öfter Fragen stellen“ sagen wir: „Stellen Sie beim Diskutieren öfter Fragen!“ Oder: „Meine Damen und Herren, Sie sollten öfter Fragen stellen, wenn Sie diskutieren.“ Aber bitte nicht übertreiben, die Leute wollen auch nicht ständig angesprochen werden, weil sie sich dann bedrängt fühlen.

3. Wiederholen: Wahrscheinlich haben Sie im Deutschunterricht gelernt, Wiederholungen zu vermeiden. Das ist auch, sofern es sich um geschriebene Texte handelt, richtig, oder sagen wir lieber: meistens richtig. Beim Sprechen verleihen wir unseren Aus-

sagen Nachdruck, sofern wir sparsam mit Wiederholungen umgehen.

„In allen, und zwar wirklich in allen Fällen kommen nur drei Ursachen in Frage."

„Viele, viele Rhetorik-Kurse sind mittelmäßig oder gar schlecht."

„Nicht ein einziges Mal, ja wirklich nicht ein einziges Mal ist sie pünktlich gekommen."

Ich empfehle Ihnen die folgende Übung: Lesen Sie diese Sätze mehrmals und variieren Sie dabei die Pausen nach den Kommata, außerdem die Lautstärke bei den Wiederholungen und – aber behutsam – das Tempo. Wiederholungen gibt es in mehreren Varianten, wie die Beispiele schon zeigen. So können hin und wieder sogar ganze Sätze wiederholt werden. „So geht es nicht. Nein, so geht es nicht."

4. Steigerungen: Auch mit Hilfe von Steigerungen können wir einen Redebeitrag etwas schmücken und zugleich unserer Auffassung Nachdruck verleihen. „Sicher ist es wichtig, pünktlich zur Sitzung zu kommen, aber noch wichtiger ist es, unsere Vorschläge dort gut zu präsentieren."

Es gibt eine Vielzahl von „anregenden Zusätzen", Redewendungen, Wortfiguren, die wir in unsere Redebeiträge einbauen können. Einen brauchbaren Überblick bietet der Duden (s. Literaturhinweise), in dem Sie überdies eine Sammlung von Musterreden und Zitaten finden. Achten Sie aber darauf, dass diese rhetorischen Mittel nicht vom Thema wegführen. Denken Sie immer an die beiden Hauptregeln!

Weil verständliches Formulieren wirklich wichtig ist, finden Sie im folgenden als Negativbeispiel einen Originaltext, der die Ergebnisse einer wissenschaftlichen Untersuchung zusammenfasst, und anschließend eine verbesserte Version von Langer/Schulz von Thun/Tausch (1990[4], S. 115 f.).

„11 Lehrer(innen), die im 8. bis 9. Volksschuljahr unterrichten, führten in ihren Klassen Unterrichtsgespräche über den gleichen, Schülern verschiedenen Alters geläufigen Gegenstand durch. Die Gespräche wurden vollständig auf Tonband aufgenommen und auf 12 Merkmale der sprachlichen Kommunikation von Lehrern und Schülern hin analysiert. Die Befunde früherer Arbeiten, die auf ein Übergewicht von Lehrern in den unterrichtlichen Interaktionen sowie auf nicht-zufällige Zusammenhänge im Sprachverhalten von Lehrern und Schülern schließen lassen, konnten durch die vorliegenden Ergebnisse bestätigt und ergänzt werden. Erwartungsgemäß erwiesen sich die beobachteten interindividuellen Unterschiede in der sprachlichen Dominanz von Lehrern sowie in der Bevorzugung verschiedener Beeinflussungsstrategien als unabhängig vom Alter der Schüler wie auch der Klassenstärke. Die Befunde legen die Annahme nahe, dass die analysierten Sprachmerkmale nicht wesentlich von äußeren unterrichtlichen Bedingungen, sondern von persönlichen Haltungen und Einstellungen der Lehrer abhängen."

Und nun die verbesserte Fassung:

„11 Lehrer(innen) führten in ihren Klassen (8./9. Schuljahr) Unterrichtsgespräche über den gleichen Gegenstand durch. Der Gegenstand war den Schülern geläufig. Die Gespräche wurden vollständig auf Tonband aufgenommen und auf 12 Merkmale des Sprachverhaltens von Lehrern und Schülern hin analysiert.

Ergebnisse:
1. Lehrer sprechen mehr als Schüler. 2. Das Sprachverhalten von Lehrer und Schüler ist nicht unabhängig voneinander. 3. Das Ausmaß der sprachlichen Dominanz der Lehrer erwies sich als unabhängig von Klassenstärke und Alter der Schüler. 4. Ebenso unabhängig hiervon erwies sich die Bevorzugung verschiedener Beeinflussungsstrategien. Die Befunde 3 und 4 legen folgende Annahme nahe: Die analysierten Sprachmerkmale hängen weniger von äußeren Unterrichtsbedingungen als von persönlichen Haltungen und Einstellungen der Lehrer ab."

Verständlich formulieren ist eine Sache des Grades. Mit Fachleuten reden wir normalerweise anders als mit Laien, wie beispielsweise Kienpointer (1996) betont. In der Praxis läuft diese schlichte Erkenntnis aber allzu oft darauf hinaus, die Präsentation zu vernachlässigen. Experten, die zu Experten sprechen, neigen dazu, sich selbst darzustellen, und sie rechtfertigen ihr Redeverhalten mit dem Hinweis, unter Kollegen zu sein. Es gibt aber überhaupt keinen vernünftigen Grund, von der Strategie abzuweichen, den Zuhörerinnen und Zuhörern das Zuhören zu erleichtern, es sei denn, man wollte seine Kollegen quälen oder vielleicht mit übermäßig komplexen Sätzen beeindrucken. Und realistischerweise müssen wir feststellen, dass dies gar nicht so selten gelingt. Noch immer scheinen etliche Leute zu denken: Wer etwas Wichtiges zu sagen hat, müsse sich einer schwer verständlichen Sprechweise bedienen. Diese Ansicht ist aber falsch. In England und in Amerika formulieren auch viele Wissenschaftler einfach und klar, ohne deshalb weniger zum Erkenntnisfortschritt beizutragen.

16. Die Präsenz – wie wir sie optimieren können

Manchmal begegnen wir Rednerinnen und Rednern, die einfach mehr „da" sind als andere. Noch bevor sie zu sprechen beginnen, wird es still im Publikum. Sie ziehen auch mehr Blicke auf sich. Woran mag das liegen? Bevor wir auf darauf antworten, sollten wir beachten, dass es auch eine massenmedial erzeugte Präsenz gibt, die weder mit rednerischem Können noch mit sonstigen präsenzfördernden Qualitäten einhergehen muss. Berühmte Fußball- oder Tennisspieler lenken alle Blicke auf sich, ohne als Redner oder nur als Person in irgendeiner Weise zu glänzen. Von dieser Art, präsent zu sein, ist im folgenden nicht die Rede. Aber die Hinweise, die Sie in diesem Abschnitt finden, helfen auch bei Auftritten im Fernsehen. Viele Faktoren tragen zur Präsenz bei, einige können wir leicht, andere weniger leicht und wiederum andere kaum oder gar nicht beeinflussen, wie etwa den Körperbau oder das Gesicht. Doch es ist in jedem Fall möglich, die Präsenz zu optimieren. Dabei helfen Ihnen die folgenden Strategien:

Jeder Diskussionsbeitrag und insbesondere jede Rede *beginnt nonverbal*. Diese nonverbale Eröffnung sollten Sie in Zukunft bewusst gestalten.

1. Wenn Sie einen Vortrag halten, gehen Sie zu Ihrem Auftrittsort, biespielsweise zum Mikrofon, zum Rednerpult oder –

das ist am besten – zu einem Platz, den Sie selbst ausgesucht haben. Wählen Sie dabei nach Möglichkeit denjenigen Ort, von dem aus Sie alle Zuhörer gleichermaßen gut ansehen können.

2. Der nächste Schritt besteht darin, sich richtig hinzustellen. Das ist alles andere als selbstverständlich. Auf Anhieb gelingt das den wenigsten. Das Gewicht sollte gleichmäßig verteilt, beide Füße gleichermaßen belastet werden. Weder stehen Sie breitbeinig noch mit geschlossenen Hacken; vielmehr nehmen Sie die Füße etwas auseinander. Die Knie sollten nicht „durchgedrückt" werden. *Ihrer Präsenz schadet es, wenn Sie schief dastehen*, also ein Bein mehr belasten und dabei eine „schiefe Figur" machen.

3. Viele Redner, nicht nur die ungeübten, haben inzwischen schon mit dem Sprechen begonnen. Aber das ist viel zu früh, noch ist unsere nonverbale Eröffnung nicht abgeschlossen. Zunächst knüpfen Sie *bewusst* ein paar *Blickkontakte.* Drei, vier Leuten, die an verschiedenen Orten sitzen, schauen Sie also kurz in die Augen – aber nicht zu kurz, nicht hastig. Sie müssen selbst den Eindruck haben, dass ein Kontakt zustande gekommen ist. Viele Redner knüpfen nur flüchtige Blickkontakte und manche Redner vermeiden sie vollständig, was der Präsenz sehr schadet.

4. Jetzt erinnern Sie sich an das Kapitel über die richtige Sprechtechnik. Der Moment ist nämlich gekommen, wo Sie prüfen müssen, ob Sie zuviel Luft in den Lungen haben. Unmittelbar vor Ihrem ersten Satz lassen Sie etwas Luft ab.

5. Mittlerweile haben Sie einen Arm – womöglich schon beide – nach oben geführt, die Unterarme befinden sich *oberhalb der Gürtellinie.* Weder ballen Sie eine Faust noch legen Sie den Ober- oder den Unterarm fest an den Körper. Diese Ausgangsposition erleichtert es, zu einer natürlich wirkenden Gestik zu gelangen.

6. Nachdem Sie nun ein wenig Luft abgelassen haben, beginnen Sie zu sprechen. Denken Sie aber nicht, dies sei der eigentliche Anfang Ihrer Rede.

7. Während des Sprechens knüpfen Sie immer wieder Blickkontakte. Im kleineren Kreis und selbstverständlich auch bei Diskussionen sollten Sie in der Lage sein, jeden Zuhörer bzw. Gesprächspartner anzuschauen. Vor einem größeren Publikum sollten Sie die Blickkontakte so verteilen, dass keine Regelmäßigkeit, kein Schema erkennbar ist: also zum Beispiel den Kopf nicht immer von links nach rechts bewegen oder nur die Leute in den

vorderen Reihen berücksichtigen. Die Blickkontakte machen Ihre Brücke zum Publikum tragfähiger.

8. Eine überaus wichtige Regel lautet: *Vermeide funktionslose („unmotivierte") Bewegungen!* Oft kann man beobachten, wie Redner hin- und herlaufen, ohne dass dies eine Funktion bei der Gestaltung des Vortrags hat. Besonders problematisch sind gleichförmig wiederkehrende Bewegungsmuster, etwa Schaukelbewegungen, die dann auftreten, wenn wir abwechselnd ein Bein belasten. Zu den funktionslosen Bewegungen gehört es auch, mit dem Kugelschreiber zu spielen, die Brille ständig zurechtzurücken usw. Alle derartigen Aktivitäten *teilen die Aufmerksamkeit* der Gesprächspartner bzw. der Zuhörer. Anders formuliert: Sie werden bis zu einem gewissen Grad abgelenkt, ohne diese Tatsache bemerken zu müssen. Dadurch sinkt unsere Chance, die Aufmerksamkeit zu steuern – etwa mittels einer guten Pausentechnik – und das Zuhören zu erleichtern. *Funktionslose Bewegungen aufzuspüren und sie konsequent abzubauen gehört daher zu den wichtigsten Aufgaben für diejenigen, die ihre Präsenz steigern wollen.* Ja, es ist ein Stück *Persönlichkeitsbildung.* Sicher, im Fernsehen treten manchmal Moderatoren auf, die hin- und herpendeln oder sonstwie zappeln. Ihnen hilft aber die Kameraführung, sie werden im Bild gehalten. Aber auch bei den Fernsehmoderatoren scheint sich herumzusprechen, dass funktionslose Bewegungen unprofessionell sind. In verschiedenen Sendungen achten die Fernsehleute darauf, die Ortswechsel motiviert vorzunehmen, in den Kontext der Präsentation einzubauen. So gehen in den Wissenschaftsmagazinen „Abenteuer Forschung" und „Quarks und Co." die Moderatoren dann zu einem anderen Platz, wenn sie dort ein Modell zeigen oder einen vorbereiteten Versuch durchführen.

9. *Wir sind um so präsenter, je mehr von uns zu sehen ist* – vorausgesetzt, wir machen keine funktionslose Beinarbeit. Wir beobachten nun eine Rednerin, die hinter einem Tisch sitzt. Ihre Unterarme hält sie zunächst unter dem Tisch verborgen. Kurz darauf bewegt sie ihre Arme nach oben und legt sie einfach auf den Tisch – nichts weiter. Anschließend löst unsere Versuchsperson ihre Arme und macht eine Geste. Jetzt erhebt sich die Rednerin und bleibt hinter dem Tisch stehen. In einer solchen Situation kommt es darauf an, über ausreichend Platz zu verfügen. Sie rückt also

den Stuhl nach hinten, so dass sie weder den Stuhl noch den Tisch mit ihrem Körper berührt. Zuletzt entfernt sich die überaus geduldige Versuchsperson vom Tisch. Wir sehen sie von Kopf bis Fuß. *Mit jeder dieser Maßnahmen nimmt die Präsenz der Rednerin zu.* Daraus folgt natürlich nicht, dass Sie sich immer hinstellen sollen – oft ist dies ganz unangebracht, etwa bei Podiumsdiskussionen. Aber wenn wir die Wahl haben, bevorzugen wir ein Arrangement, das uns die höhere Präsenz verleiht. Und: Zögern Sie nicht, Ihre Auftrittsbedingungen zu verändern, wenn sich hierfür eine Gelegenheit bietet! Manche Veranstalter verbarrikadieren den Referenten, so als wollten sie ihn vor dem Publikum schützen, indem sie eine geschlossene Tischreihe hinstellen, auf der sich womöglich noch eines dieser transportablen Rednerpulte befindet sowie allerlei Flaschen, Gläser und Papierberge. Wenn mir derartiges widerfährt, stelle ich mich oft vor die Tischreihe, oder ich bitte die Veranstalter, mir dabei zu helfen, wenigstens einen Tisch beiseite zu schaffen. Ansonsten kommt die *Als-ob-Methode* zum Zuge, eine Methode, die ich Ihnen nur empfehlen kann. Falls sich vor Ihnen ein Tisch, ein Stuhl oder ein Rednerpult befindet, *tun Sie so, als ob Sie frei dastehen,* als ob das Publikum Sie von Kopf bis Fuß betrachtet. Vor allem belasten Sie gleichmäßig Ihre Beine und suchen keinen Halt am Tisch oder Rednerpult. So wirken Sie viel souveräner.

Was in diesem Kapitel über das Thema „Präsenz" steht, gilt nicht nur für Referenten und Diskussionsteilnehmer, sondern für alle, die auftreten, auf Bühnen oder sonstwo.

Beim Diskutieren eröffnen Sie sicher nicht jeden Beitrag auf die eben beschriebene Weise. Aber hin und wieder sollten Sie sich schon daran erinnern, und Ihren ersten Beitrag sollten Sie am Anfang auf jeden Fall nonverbal gestalten. Bei einer Podiumsdiskussion vor einem Publikum dürfen Sie nicht vergessen, die Zuhörer mit ihren Blicken in das Geschehen einzubeziehen. Bemerkenswerterweise ergreifen viele Diskussionsteilnehmer mit ihrem Wort zugleich ihr Schreibgerät – das passiert sogar bei Beratungen und Verkaufsgesprächen. Eine sehr nützliche – präsenzfördernde – Angewohnheit ist es daher, den Schreiber hinzulegen, sobald Sie etwas sagen wollen.

Warum wird die Frage „Wie gehen wir beim Reden mit Medien um?" ausgerechnet an dieser Stelle behandelt. Ganz einfach deshalb, weil viele Redner (darunter auch Seminarleiter und Lehrer) *an Präsenz einbüßen, sobald sie Präsentationshilfen benutzen.* Beginnen wir mit dem Zettel (oder den Zetteln), auf dem unsere Stichworte stehen. Das Wichtigste hierbei ist, den Zettel zum Gesicht und nicht das Gesicht zum Zettel zuführen. Auch wenn Sie nicht draufschauen – den Zettel sollten Sie immer oberhalb der Gürtellinie halten. Tische und Tischrednerpulte verleiten dazu, das Papier hinzulegen und dann nach unten zu schauen. Blätter im DIN-A4-Format sind weniger geeignet, sie machen ein leichtes Zittern der Hände sichtbar und knicken leicht. Sehr kleine Zettel erwecken dagegen den Eindruck, als wolle man diese verbergen. Lassen Sie sich Zeit, wenn Sie auf das Papier schauen; reden Sie erst weiter, nachdem Ihnen der Sinn der folgenden Aussagen klar geworden ist.

Ein Kapitel für sich sind die allgegenwärtigen Overhead-Projektoren. Sie verleiten sogar gute Redner zu funktionslosen Bewegungen. So sieht man immer wieder, wie ein Referent einen Schritt in Richtung OHP macht, kurz innehält, um wieder zum Ausgangspunkt zurückzukehren. Die aufgelegten Folien scheinen manche Redner auf eine magische Weise anzuziehen. Sie bewegen zum Beispiel die Folie mit ihren Fingerspitzen, ziehen die Hand wieder zurück und schauen wie gebannt auf das Gerät. Tatsächlich gehen die Meinungen über den richtigen Umgang mit dieser Technik auseinander. Deshalb stellen wir zunächst einmal die Frage, welches Ziel wir mit einem Overhead-Projektor erreichen wollen, wozu dieses Mittel also dienen soll. Es geht doch darum, das, was wir sagen, auch zu zeigen, mit Hilfe einer Grafik zum Beispiel. Unsere Gesprächspartner, so hoffen wir, begreifen die Inhalte auf diese Weise leichter, wir unterstützen deren Lernprozesse. Das, was sie hören *und* sehen, behalten sie besser im Gedächtnis. Ob diese Ziele in der Praxis wohl immer erreicht werden? Ich bezweifle das sehr.

Der OHP ist, wie jedes andere Medium, ein Hilfsmittel, nicht der Star des Abends. *Wir* sind es, die dieses Mittel benutzen, wir verwenden es mit Bedacht, um unsere Präsentation noch wirkungsvoller zu gestalten. Das geht aber nur, wenn wir nicht ständig das Gerät bedienen. Nach dieser sehr allgemeinen Bemerkung, die etwas mit der Haltung, dem Selbstverständnis des Redners zu tun hat, folgen nun ein paar Vorschläge und Ideen, die Ihnen dabei helfen können, souverän mit diesem Medium umzugehen:

– Eröffnen Sie stets nonverbal, so, wie es weiter oben beschrieben wird. *Bauen Sie erst eine Brücke zu Ihrem Publikum, bevor Sie das Gerät einschalten!* Machen Sie es also nicht wie die vielen anderen Redner, die gar keine Zeit mehr für ihr Publikum haben, weil sie sich um den Apparat kümmern müssen. Nach Möglichkeit sollten Sie das Gerät vorher ausprobieren – vor Ihrem Auftritt, vor der nonverbalen Eröffnung.

– Nachdem Sie eine Brücke zu Ihren Zuhörern hergestellt haben, können Sie das Gerät einschalten, um die erste Folie aufzulegen. Bevor Sie weitersprechen, geben Sie Ihrem Publikum die Gelegenheit, das projizierte Bild zu erkunden. Das ist allemal besser, als Teile der Folie abzudecken, die später – mit zitternden Händen – Stück für Stück zur Ansicht freigegeben werden.

– Nun gibt es mehrere Methoden, die Aufmerksamkeit zu steuern, was insbesondere bei längeren Tabellen oder komplizierteren Grafiken erforderlich ist. Manche Referenten zeigen mit einem Bleistift direkt auf die Folie. Die Nachteile dieses Verfahrens sind: Die Rednerin schaut häufiger nach unten, eben auf die Folie. Oft sieht man, wie die Finger leicht zittern, was so manchen Zuhörer veranlasst, über die Befindlichkeiten der Rednerin nachzudenken. Außerdem muss die Position des Stiftes gelegentlich – bei manchen Referenten offenbar ständig – korrigiert werden. Insgesamt entsteht leicht der Eindruck, mehr mit dem Gerät als mit dem Publikum zu kommunizieren. Eine andere Möglichkeit ist, einen Zeigestock oder eine Teleskopstange zu verwenden. Diese Hilfsmittel verleiten zu allerlei mehr oder weniger bizarren Verhaltensweisen, zu funktionslosen Bewegungen. Stöcke werden gebogen, drohend gegen die Zuhörerschaft gerichtet oder für diverse Geschicklichkeitsübungen verwendet, etwa für Balanceakte. Außerdem bewegen sich die Referenten häufig zwischen ihrem Rednerplatz und der Projektionsfläche hin und her und geraten dabei auch in den Lichtkegel. Das dritte Verfahren, mit einer Lampe einen Lichtpunkt auf die gezeigten Bilder zu projizieren, macht es den Rednern leichter, ruhig stehen zu bleiben. In einigen Fällen scheint der Punkt allerdings ein Eigenleben zu führen; er hüpft von hier nach da, beschreibt kleine und größere Kreise, sogar einen Salto beherrscht er. Bei dem nächsten Verfahren bedienen wir uns mehr der Sprache, um die Blicke der Zuschauer zu lenken. Statt häufig auf die Projektionsfläche zu deuten, sagen Sie Ihrem Publikum einfach, was es tun soll: „Schauen Sie sich jetzt einmal die rechte Säule an." „Sehen Sie die drei eingekreisten Zahlen in der linken Reihe?" Was Sie für diese Methode brauchen, sind (verkleinerte) *Kopien Ihrer Folien, die Sie – wie oben beschrieben – in Ihrer Hand halten.* Das hat den Vorteil, dass Sie selbst nicht mehr so häufig auf die Folie oder die Projektionsfläche blicken müssen. *So gewinnen Sie Zeit für Ihr Publikum.*

– Optimal setzen Sie das Medium ein, wenn Sie *Bilder, Grafiken* und *Tabellen* projizieren. Nicht ganz so geschickt ist es, das, was Sie sagen, als Text, etwa in Stichworten, zu projizieren. Viele Rednerinnen und Redner überladen Ihre Präsentationen mit diesen sprachlichen Verdoppelungen. Damit sollten Sie sparsam umgehen.

– Die Botschaften müssen kongruent sein. Was Sie Ihren Zuhörerinnen und Zuhörern mitteilen, sollte einen direkten Bezug zu Ihrer Projektion haben. Steht vorne ein wenig präsenter Referent, schauen die Leute fast unentwegt auf die projizierten Informationen. Überhaupt sehen sich die Zuhörer gerne Bilder, Grafiken und Tabellen an. Das hat manche Redner wohl veranlasst, die Informationsmenge pro Folie energisch zu reduzieren. Übrig bleiben dann oft nur ein, zwei Begriffe oder ein kleines Merksätzchen. Die Folge ist ein Folienkrieg. Kaum liegt die eine Folie, muss schon die nächste her, der Referent ist vollauf beschäftigt – wie soll er da noch Zeit haben für sein Publikum? Der andere Weg, die Sehlust einzudämmen, ist das schon erwähnte Abdecken, das meist etwas kleinlich wirkt. Ein Ausweg liegt darin, *dem Publikum mehr Zeit zu lassen und sprachlich zu steuern.* Nehmen wir die folgende Liste als Beispiel dafür, wie eine solchen Folie aussehen könnte:

Methoden der Veranschaulichung

- Beispiele geben
- Kontraste bilden
- Gedankenexperimente durchführen
- Analogien präsentieren
- Modelle bilden
- Beobachtungen schildern

„Meine Damen und Herren, diese Liste zeigt Ihnen die Methoden, die uns zur Verfügung stehen, um abstrakte Sachverhalte zu veranschaulichen." (*Pause*, die Leute lesen). Sicher müssen Sie nicht warten, bis die letzte Zuhörerin erwartungsvoll zu Ihnen schaut, aber etwas Zeit müssen Sie Ihrem Publikum schon lassen. „Nachdem Sie einen Blick darauf geworfen haben, erläutere ich Ihnen der Reihe nach die einzelnen Methoden." Zeit verlieren Sie dabei übrigens nicht. Denn Ihnen bleibt das Fummeln an den Folien ja erspart – und Ihrem dankbaren Publikum auch.

– Weniger ist manchmal mehr. Zeigen Sie nicht zu viele Folien, überlegen Sie, was Ihnen wirklich wichtig ist, was Ihr Publikum sehen soll.

Auch für den Einsatz anderer Medien gilt: Achten Sie auf Ihre Präsenz! Falls Sie eine Tafel oder ein Flip Chart verwenden, ist es kaum zu vermeiden, den Zuhörern Ihren Rücken zuzukehren. Sie sollten daher immer wieder innehalten und sich dem Publikum zuwenden. Und sprechen Sie nach Möglichkeit nicht zur Tafel, sondern zu den Leuten. Bei computergestützten Präsentationshilfen besteht die Möglichkeit, vor den Augen der Zuhörer Bilder aufzubauen, zu überblenden und zu verändern. Lassen Sie sich von dieser Technik nicht dazu hinreißen, Dinge zu zeigen, die eher nebensächlich sind. Nicht die Technik sollen Sie präsentieren, sondern diejenigen Inhalte, auf die es Ihnen ankommt.

17. Ein Fazit: Möglichkeiten und Grenzen vernünftiger Argumentation

Eine Absicht dieses Buches ist es, Sie darin zu unterstützen, die Möglichkeiten vernünftigen Argumentierens voll auszuschöpfen. Wenn Ihnen das gelingt, sind Sie nicht nur ein kompetenter Gesprächspartner und Redner. Auch bei der Rezeption von Texten helfen Ihnen die in diesem Buch versammelten Informationen. Denn Autoren versuchen nicht selten, Ihre Leser zum Beispiel mit Begriffsmonstern zu beeindrucken oder mit diversen Tricks zu überrumpeln wie der Entweder-Oder-Taktik. Ja, sogar beim Nachdenken hilft die Kunst vernünftiger Argumentation, *weil wir uns oft genug selbst Fallen stellen.* Wir richten die Tricks gegen uns selbst und stolpern über unsere eigenen Fehler. Wer bereit ist, sich auf die vernünftige Argumentation (auch mit sich selbst) einzulassen, praktiziert ein Stück *Psychohygiene.* Denn das Risiko sinkt, kritiklos einem Guru nachzulaufen, vorbehaltlos einer beeindruckenden Erfahrung zu vertrauen oder dem Zauber schillernder Begriffe zu erliegen. Das bedeutet selbstverständlich nicht, dass es vernünftig wäre, das eigene Leben auf Schritt und Tritt als eine nicht enden wollende Übung im Argumentieren zu gestalten. Wie wir uns verhalten, hängt von unseren Zielen und den Situationen ab, in denen wir uns befinden. So suchen wir ja auch bestimmte Erlebnisse, die durch Dauerreflektierer und Immerkritisierer vereitelt werden können. Sofern wir – beispielsweise – eine Zaubervorführung genießen wollen, empfiehlt es sich nicht, gleichzeitig in einem Buch zu blättern, in dem diverse Tricktechniken erklärt werden. Das bedeutet wiederum nicht, dass man darüber grundsätzlich nichts wissen sollte. Wir können uns ja auch mit Musiklehre beschäftigen und uns trotzdem – vielleicht sogar gerade deshalb – an einer musikalischen Darbietung erfreuen.

Über die *Grenzen* vernünftiger Argumentation sollten wir uns natürlich auch im Klaren sein:

1. Oft entscheiden und handeln wir unter *Zeitdruck.* Längst nicht alle Ideen und Argumente können wir daher bedenken.

Umgekehrt mag sich aber die Frage lohnen, ob wir dem Zeitdruck womöglich zu früh nachgeben.

2. Der „zwanglose Zwang des besseren Arguments" (Habermas) wird häufig durch andere Zwänge begrenzt oder zunichte gemacht, etwa durch Machtverhältnisse. Aber auch in schwierigen Situationen sollte man nicht zu früh aufgeben.

3. Es gelingt prinzipiell nicht, einen Vernunftverweigerer durch Argumente zur Vernunft zu bringen, wie wir bereits festgestellt haben. Er hört ja gar nicht auf Argumente. Immerhin besteht vielleicht die Chance, ihn durch eine gute Präsentation zu beeindrucken.

4. Die Frage, welche Beziehungen zwischen *Interessenvertretung* und vernünftiger Argumentation bestehen, lässt sich pauschal gar nicht beantworten. So wehren Interessenvertreter oft Argumente ab (oder ignorieren sie), die ihnen die Verfolgung ihrer Interessen schwerer machen. Es ist aber keineswegs klar, ob dieses Verhalten immer und inwiefern es nützt. So mögen Kirchenvertreter ein Interesse daran haben, Argumente abzublocken, die für bestimmte Reformen sprechen. Andererseits führt diese interessengesteuerte Strategie vielleicht dazu, dass sich noch mehr Leute von der Kirche abwenden.

Das vernünftige Argumentieren ist kein Alles-oder-nichts-Phänomen. „Entweder sind wir vernünftig oder wir sind es nicht" – das stimmt in den allermeisten Fällen nicht. Wir alle sind stets mehr oder weniger vernünftig. Wenn es aber darauf ankommt, sollten wir die Mittel vernünftiger Argumentation voll ausschöpfen.

18. Das große Finale

Jetzt haben Sie die Gelegenheit, noch einmal einen Teil einer Diskussion zu verfolgen, diesmal eine moderierte. Sie sollten dabei möglichst viel entdecken: Fehler, Schwächen, gelungene und weniger gelungene Argumente. An einigen Stellen werde ich sparsam kommentieren.

Moderatorin: „Bei unserem Thema sollten wir schon bleiben, es geht um die sogenannte Ökosteuer, was spricht dafür, was spricht dagegen?"

Zurufe aus dem Publikum: „Der Staat braucht Geld, und wir werden geschröpft."

„Stimmt, es ist ja so bequem, gleich beim Tanken zu kassieren."

Moderatorin: „Meine Damen und Herren, Sie kommen nachher zu Wort, wir haben genügend Zeit für die Diskussion vorgesehen. Zunächst hören wir einmal, was unsere Gäste auf dem Podium zu sagen haben."

Müller: „Namhafte Vertreter der Wirtschaft sowie verschiedener Verbände haben zwingende Argumente vorgebracht, von der ganzen Sache die Finger zu lassen."

Schmitt: „Die Argumente sollten wir uns genauer ansehen, ich glaube, dass wir sie entkräften können."

Moderatorin: „Moment, lassen Sie uns etwas systematischer vorgehen. Sie Herr Schmitt sind Mitglied der Kommission, Sie haben konkrete Vorschläge ausgearbeitet. Sagen Sie uns bitte: Wozu ist die Ökosteuer gut, welche Ziele wollen Sie damit erreichen?"

Schmitt: „Gerne, Frau Gebhard, wir wollen gleich mehrere Ziele erreichen, insbesondere die beiden folgenden: Erstens wollen wir ein einfacheres Steuersystem."

Kiefer: „Wir vom Bund der Steuerzahler sagen schon seit Jahren, dass Sie ein paar Subventionen streichen und einige Steuern abschaffen sollen, dann ist alles einfacher."

Moderatorin: „Herr Schmitt, Sie haben das Wort!"

Schmitt: „Ja, danke, zwei Ziele also, das erste habe ich schon genannt: ein einfaches Steuersystem. Und nun das zweite Ziel: Energie ist ein knappes Gut, wir wollen sie verteuern. Die Folge werden technische Innovationen sein, die es uns ermöglichen, weniger Energie zu benötigen."

Die Ankündigung und die gute Strukturierung seines Redebeitrags helfen Herrn Schmitt, den Faden wieder aufzunehmen.

Heuer: „Wir von der Opposition sehen das etwas anders. Denken Sie an die Folgen. Wenn Energie teurer wird, belastet das bestimmte Bereiche der Wirtschaft erheblich."

Kiefer: „Und viele Bürgerinnen und Bürger. Wer ein geringes Einkommen hat, zahlt einen verhältnismäßig hohen Anteil für teuer gewordene Energie."

Müller: „Im nationalen Alleingang geht das sowieso nicht."

Moderatorin: „Das sind viele Einwände auf einmal, bleiben wir noch einen Moment bei Ihrem ersten Ziel. Besteht da Einigkeit? Brauchen wir ein einfacheres Steuersystem?"

Heuer: „Das ist klar, da sind wir uns wohl einig. Nur …"

Moderatorin: „Und die Ökosteuer ist einfacher, Herr Schmitt?"

Schmitt: „Sicher, in vielerlei Hinsicht. Zu den Einwänden will ich folgendes sagen …"

Moderatorin: „Noch einen kleinen Moment. Das sehen alle hier am Tisch so? Das vorgeschlagene System, die Ökosteuer, wäre einfacher?"

Am Anfang scheint unsere Moderatorin das Thema nicht ganz klar vorgestellt zu haben. Doch dann präzisiert sie mit Fragen. Die Frage ‚Was spricht dafür, was dagegen' ist, am Anfang gestellt, etwas zu offen. Sie provoziert die Beteiligten, sofort auf Nebenwirkungen der Maßnahme hinzuweisen. Das bemerkt die Moderatorin und macht es dann besser. Sie unterscheidet Ziele und Mittel und versucht, auch die Argumente der Beteiligten entsprechend zu sortieren.

Müller: „Im Prinzip ja, im Prinzip, nur steckt hier der Teufel im Detail. Schon jetzt zeichnet sich ab, dass wir viele Ausnahmeregelungen brauchen, die Verwirrung stiften."

Moderatorin: „Nennen Sie doch ein Beispiel!"

Müller: „Die Herstellung von Beton zum Beispiel ist ungemein energieintensiv. Diesem Produktionszweig dürfen wir eine deutliche Verteuerung der Energie gar nicht zumuten. Sie würde die in Deutschland produzierenden Firmen gefährden – also braucht man eine Ausnahmeregelung. Das ist nur ein Beispiel unter vielen."

Kiefer: „So geraten wir in die paradoxe Situation, dass diejenigen, die wirklich viel Energie verbrauchen, weniger belastet werden als diejenigen, die sparsamer damit umgehen."

Moderatorin: „Also das Ziel ist richtig, aber das Mittel falsch."

Müller: „Aber ja!"

Moderatorin: „Was sagen Sie dazu, Herr Schmitt?"

Schmitt: „Es trifft zu, dass wir ein paar Ausnahmen zulassen müssen. Dabei handelt es sich aber um zeitlich befristete Übergangsregelungen. Auch die Betonindustrie muss sich etwas einfallen lassen. Wir räumen ihr lediglich mehr Zeit dafür ein, weil wir ja die Arbeitsplätze nicht gefährden wollen."

Heuer: „Nun seien Sie einmal ehrlich. Auch in Ihrer Partei mehren sich die kritischen Stimmen. Sie befürworten die Ökosteuer vor allem aus taktischen Gründen. Sie haben sie nun mal auf Ihre Fahnen geschrieben, und Ihr Koalitionspartner will diese Steuer auf jeden Fall."

Schmitt: „Umgekehrt wird ein Schuh daraus: Auch in Ihrer Partei wissen die meisten, dass wir an einer Verteuerung der Energie gar nicht vorbeikommen."

Kiefer: „Ich glaube, wir wechseln gerade das Thema."

An dieser Stelle könnte die Debatte tatsächlich in wechselseitige Vorwürfe und Verdächtigungen abgleiten (und vielleicht Fehlschlüsse provozieren), sofern die Moderatorin nicht richtig steuert

Müller: „Unser wichtigster Einwand gegen die neue Steuer ist doch der folgende: Sie vernichten damit Arbeitsplätze. Die wollen Sie aber gerade erhalten und sogar neue schaffen. Also entscheiden Sie sich: Entweder wollen Sie Arbeitsplätze oder die Energie verteuern."

Schmitt: „Beides Frau Müller. Wir können das eine tun, ohne das andere zu lassen. Innovationen auf dem Felde der Energiegewinnung schaffen ja Arbeitsplätze."

Müller: „Das ist eine vage Hoffnung. Die vorhandenen Arbeitsplätze sollten wir so lange wie möglich sichern, aber nur so lange, wie es ökonomisch auch Sinn macht. Wir dürfen sie nicht mit Subventionen künstlich am Leben erhalten."

Schmitt: „Das hat auch niemand behauptet."

Moderatorin: „Vielleicht sollten wir an dieser Stelle einen weiteren Aspekt berücksichtigen. Wenn wir zukünftig die Steuern beim Kauf von Energie entrichten, werden die klassischen Steuern ja gesenkt und einige werden ganz verschwinden."

Schmitt: „Stimmt! Die Kaufkraft lässt daher auch nicht nach, wie manchmal behauptet wird. Und auch die Unternehmen werden steuerlich entlastet. Das ist ganz entscheidend. Und das ganze System wird, wie schon gesagt, einfacher."

Kiefer: „Darauf darf man gespannt sein. In der Vergangenheit haben Sie uns, die Bürgerinnen und Bürger ebenso wie die Wirtschaft, ständig belastet. Woher rührt nur dieser Sinneswandel?"

Moderatorin: „Ich glaube, dieser Frage müssen wir hier nicht nachgehen."

Kiefer: „Was die Schaffung von Arbeitsplätzen angeht, möchte ich noch eine grundsätzliche Bemerkung machen, obwohl sie vielleicht nicht direkt zu unserem Thema gehört: Immer weniger Menschen erschaffen einen immer größeren Teil des Wohlstands. Was immer wir auch tun, dieser Trend setzt sich fort. Jahrhunderte, ja jahrtausendelang träumten die Menschen davon, dem Joch der Arbeit zu entkommen. Jetzt geraten wir in diese Situation. Ich gehe so weit zu sagen: Der technische Teil der Utopie von Marx hat sich erfüllt. Marx meinte, der Mensch werde neben den Produktionsprozess treten, statt sein Hauptagent zu sein."

Schmitt: „Dass jemand vom Bund der Steuerzahler Marx zitiert, habe ich nun wirklich nicht erwartet."

Kiefer: „Sie haben halt ein von Vorurteilen getrübtes Bild über uns und unsere Organisation, ich …"

Moderatorin: „Bitte Herr Kiefer, bringen Sie doch einfach Ihren Gedanken zu Ende."

Kiefer: „Die Entwicklung führt dazu, dass Arbeit, wenigstens teilweise, zu einer Fiktion wird. Dieser Herausforderung müsste sich die Politik stellen, statt immer noch die Illusion zu verbreiten, es gebe einen Weg zurück in die Vollbeschäftigung."

Heuer: „Ich weiß nicht, ob Ihre Analyse so ganz zutrifft, es werden ja auch neue Arbeitsplätze entstehen."

Moderatorin: „Ich finde, wir sollten uns auf das Ausgangsproblem konzentrieren, die Vorzüge und Mängel einer Ökosteuer."

Zuruf aus dem Publikum: „Ist diese neue Steuer überhaupt politisch durchsetzbar?"

Schmitt: „Nun, wir haben ja schon damit begonnen, die Wei-
chen sind gestellt."
Heuer: „Sie wollen eine andere Republik!"

Literaturhinweise

Albert, Hans (1980[4]): Traktat über kritische Vernunft, Tübingen. *Dieses Werk enthält eine ausführliche Kritik an der Überzeugung, dass man Aussagen begründen kann und auch begründen soll. Der Autor rückt statt dessen die kritische Prüfung in den Vordergrund.*

ders. (1992): Die Wertfreiheitsproblematik und der normative Hintergrund der Wissenschaften, in: Lenk, H./Maring, M. (Hg.), Wissenschaft und Ethik, Stuttgart, S. 82–100.

Alt, Jürgen August (1994): Miteinander diskutieren. Eine Einführung in die Praxis vernünftiger Argumentation, Frankfurt/New York.

ders. (1997): Wenn Sinn knapp wird, Frankfurt/New York.

Apel, Hans Jürgen (1999): Darstellen und Argumentieren – Anmerkungen zur Vorlesung als didaktisch rhetorischer Lehrform, in: Dörpinghaus, Andreas/Helmer, Karl (Hg.), Zur Theorie der Argumentation in der Pädagogik, Würzburg, S. 115–134. *Der Autor beschreibt, worauf es bei einer Vorlesung ankommt.*

Arbinger, Roland (1997): Psychologie des Problemlösens, Darmstadt. *Diese Arbeit bietet einen Überblick über den Stand der Forschung.*

Bartley, William Warren (1987): Flucht ins Engagement, Tübingen.

Baumgart, Georg (1992): Zur Rhetorik der Polemik in der Frühen Neuzeit, in: Bosbach, Franz (Hg.), Feindbilder, Köln/Weimar/Wien, S. 1–21.

Bilow, Uta (1999): Auf der Spur der Elemente. Einführung in die Chemie, München.

Birnbacher, Dieter (1995): Tun und Unterlassen, Stuttgart.

ders. (1999): Utilitarismus und ökologische Ethik, in: Engels, Eve-Marie (Hg.), Biologie und Ethik, Stuttgart, S. 43–70. *Dieser Sammelband enthält einige Aufsätze über ethische Probleme, die als Folge wissenschaftlicher Fortschritte und deren praktischer Umsetzung auftreten.*

Blackmore, Susan (1993): „Beinahe tot", in: von Randow, Gero (Hg.), Mein paranormales Fahrrad und andere Anlässe zur Skepsis, Reinbek. *Von Randows Sammelband übt die Leser darin, nicht zu leichtgläubig zu sein, wenn von allerlei wundersamen Dingen die Rede ist (wie paranormalen Begabungen, Ufos etc.).*

Blumenberg, Hans (1981): Die Genesis der kopernikanischen Welt, Bd. 1–3, Frankfurt.

Böhme, Gernot (1992): Denken üben, in: Zeitschrift für Didaktik der Philosophie 1/1992, S. 26–29.

Braunbehrens, Volkmar (1986): Mozart in Wien, München.

Briese-Neumann, Gisa (1998): Professionell telefonieren, Reinbek. *Viele nützliche Tips.*

Bühler, Karl (1978): Sprachtheorie, Frankfurt/Berlin/Wien.

Campbell, Neil A. (1997): Biologie, Heidelberg/Berlin/Oxford.

Capra, Fritjof (1983[2]): Wendezeit, Bern/München/Wien.

Crystal, David (1993): Die Cambridge Enzyklopädie der Sprache, Frankfurt/New York.

Diekmann, Andreas (1995): Empirische Sozialforschung, Reinbek.

Dörner, Dietrich (1987): Die Logik des Mißlingens, Reinbek.

ders. (1999): Bauplan für eine Seele, Reinbek. *Dieses umfangreiche Buch enthält eine Reihe interessanter Erörterungen über Begriffe und Sätze. Der Autor warnt aus psychologischer Perspektive davor, die Bedeutung von Begriffen zu überschätzen.*

Dudenredaktion (Hg.) (1994): Duden. Reden gut und richtig halten, Mannheim/Leipzig/Wien/Zürich. *Darin findet der interessierte Leser u. a. eine Sammlung von Musterreden und Zitaten.*

Eibl-Eibesfeldt, Irenäus (1984): Die Biologie menschlichen Verhaltens, München.

Feyerabend, Paul (1980): Erkenntnis für freie Menschen, Frankfurt.

ders. (1989): Irrwege der Vernunft, Frankfurt.

ders. (1992): Über Erkenntnis, Frankfurt/New York.

Fischer, Ernst Peter (1992): Kritik des gesunden Menschenverstandes, München. *Sehr lesenswert, Fischer zeigt, dass wir unserem gesunden Menschenverstand nicht so ohne weiteres trauen dürfen.*

Follesdal, Dagfinn/Wallace, Lars/Elster, Jon (1986): Rationale Argumentation, Berlin/New York. *Ein anspruchsvolles Werk für geübte Leser.*

Gilligan, Carol (1988): Die andere Stimme, München.

Habermas, Jürgen (1981): Theorie des kommunikativen Handelns, Frankfurt, 2 Bde.

ders. (1991): Erläuterungen zur Diskursethik, Frankfurt.

Hegselmann, Rainer/Merkel, Reinhard (Hg.) (1991): Zur Debatte über Euthanasie, Frankfurt.

Hoerster, Norbert (1998): Sterbehilfe im säkularen Staat, Frankfurt.

James, Peter/Thorpe, Nick (1998): Keilschrift, Kompaß, Kaugummi. Eine Enzyklopädie der frühen Erfindungen, Zürich.

Junker, Thomas/Paul, Sabine (1999): Das Eugenik-Argument in der Diskussion um die Humangenetik: Eine kritische Analyse, in: Engels, Eve-Marie (Hg.), Biologie und Ethik, Stuttgart, S. 224–256. *In diesem lesenswerten Aufsatz setzen sich die Autoren mit einem Begriffsmonster auseinander, nämlich „Eugenik". Dieser Ausdruck ist zu einem „negativ besetzten Schlagwort" geworden, das Diskussionen blockieren kann.*

Kanitscheider, Bernulf (1993): Von der mechanistischen Welt zum kreativen Universum, Darmstadt.

Keuth, Herbert (1989): Wissenschaft und Werturteil, Tübingen.

Kienpointer, Manfred (1996): Vernünftig argumentieren, Reinbek.

Klippert, Heinz (1998[5]): Kommunikationstraining. Übungsbausteine für den Unterricht, Weinheim/Basel.

Koyré, Alexandre (1998): Leonardo, Galilei, Pascal. Die Anfänge der neuzeitlichen Naturwissenschaft, Frankfurt.

Krämer, Walter (1991): So lügt man mit Statistik, Frankfurt/New York.

ders. (1994): So überzeugt man mit Statistik, Frankfurt/New York. *Die Arbei-*

ten von Krämer sind eine Fundgrube für diejenigen, die auf überzeugende Weise mit Statistiken umgehen wollen – wichtig auch für die Gestaltung der Folien für den OHP.

Küng, Hans (1979): 24 Thesen zur Gottesfrage, München.

Kuhn, Thomas S. (1981): Die kopernikanische Revolution, Wiesbaden.

Landau, Terry (1995): Von Angesicht zu Angesicht. Was Gesichter verraten und was sie verbergen, Reinbek.

Langer, Inghard/Schulz von Thun, Friedemann/Tausch, Reinhard (1990[4]): Sich verständlich ausdrücken, München/Basel. *Dieses Buch enthält zahlreiche Übungen, die es den Lesern leichter machen, klar und verständlich zu formulieren.*

Ledoux, Joseph (1998): Das Netz der Gefühle, München/Wien.

Lemmermann, Heinz (1997[6]): Lehrbuch der Rhetorik, München.

Lenk, Hans (1970): Philosophische Letztbegründung und rationaler Kritizismus, in: Zeitschroift für philosophische Forschung 24, S. 183–205.

Lenzen, Wolfgang (1999): Liebe, Leben, Tod. Eine moralphilosophische Studie, Stuttgart.

Lorenz, Konrad (1973): Die Rückseite des Spiegels, München.

Lübbe, Weyma (1999): Töten und Sterbenlassen. Die killing/letting-die-Debatte, in: Information Philosophie 1/1999, S. 18–29.

Lukács, Georg (1970): Geschichte und Klassenbewußtsein, Neuwied/Berlin.

Lumer, Christoph (1990): Praktische Argumentationstheorie, Braunschweig.

Lyons, John (1992[4]). Die Sprache, München. *Dieses Buch, das über wichtige Ergebnisse der Forschung informiert, enthält eine kritische Auseinandersetzung mit einer Variante des Relativismus, die besagt, dass unser Denken von der jeweiligen Sprache beeinflusst wird (linguistischer Relativismus).*

Mackie, John (1985): Das Wunder des Theismus. Argumente für und gegen die Existenz Gottes, Stuttgart.

Mandel, Ernest (1970): Marxistische Wirtschaftstheorie, Frankfurt.

Marggraf, Wolfgang (1990): Joseph Haydn, Leipzig.

Marquard, Odo (1995): Glück im Unglück, München.

Mathelitsch, Leopold/Friedrich, Gerhard (1995): Die Stimme. Instrument für Sprache, Gesang und Gefühl, Berlin/Heidelberg. *Das Buch ist für Leser interessant, die mehr über die physiologischen Aspekte beim Sprechen wissen wollen. Es enthält ein Kapitel über richtiges Atmen.*

Mill, John Stuart (1984): Drei Essays über Religion, Stuttgart.

Musgrave, Alan (1979): Theorie, Erfahrung und wissenschaftlicher Fortschritt, in: Albert, Hans/Stapf, Kurt H. (Hg.), Theorie und Erfahrung, S. 21–53.

Naess, Arne (1975): Kommunikation und Argumentation, Kronberg.

Niemann, Hans-Joachim (1993): Die Strategie der Vernunft, Braunschweig.

ders. (1997): Gentechnologie – Wohin wollen wir? Eine Moral für Zauberlehrlinge, in: Deutsche Landjugend-Akademie (Hg.), Gentechnik – Fortschritt für die deutsche Landwirtschaft? Bonn, S. 169–190. *Ein Beispiel für vernünftiges Argumentieren.*

Ott, Konrad (1999): Das Tötungsproblem in der Tierethik der Gegenwart, in: Engels, Eve-Marie (Hg.), Biologie und Ethik, Stuttgart, S. 127–160.

Paul, Andreas (1998): Von Affen und Menschen, Darmstadt.

Perelmann, Chaim (1980): Das Reich der Rhetorik, München.

Pinker, Stephen (1996): Der Sprachinstinkt, München.

Popper, Karl (1963): Conjectures and Refutations, London.

ders. (1974[4]): Das Elend des Historizismus, Tübingen.

ders. (1983): Realism and the Aim of Science, London.

ders. (1992[7]): Die offene Gesellschaft und ihre Feinde, Tübingen.

Popper, Karl/Eccles, John (1982): Das Ich und sein Gehirn, München.

Rahner, Karl (1984): Grundkurs des Glaubens, Freiburg.

Rescher, Nicholas (1993): Rationalität, Würzburg.

Ruhleder, Rolf H. (1982[2]): Rhetorik, Kinesis, Dialektik, Bad Harzburg.

Salamun, Kurt (1992): Ideologien und Ideologiekritik, Darmstadt.

ders. (1989): Aufklärungsperspektiven, Tübingen. *Diese beiden Arbeiten haben mir beim Schreiben des 7. und 8. Kapitels geholfen.*

Savage-Rumbaugh, Sue/Lewin, Roger (1995): Kanzi der sprechende Schimpanse, München.

Schleichert, Hubert (1997): Wie man mit Fundamentalisten diskutiert, ohne den Verstand zu verlieren, München. *Eine Lanze für die Vernunft! Der Autor stellt seine Idee der subversiven Kritik vor.*

Schlüter-Kiske, Barbara (1987): Rhetorik für Frauen, München. *Ein wirklich gutes Rhetorik-Buch, inzwischen als Taschenbuch erhältlich.*

Schmid, Michael (1989): Formen der Ideologiekritik, in: Salamun, Kurt (Hg.), Aufklärungsperspektiven, Tübingen, S. 149–162.

Schnädelbach, Herbert (1984): Rationalität, Frankfurt.

Schulz, Karlheinz (1999): Goethe. Eine Biographie in 16 Kapiteln, Stuttgart.

Schulz von Thun, Friedemann (1989/1990/1998): Miteinander reden, 3 Bde., Reinbek.

Schulze, Gerhard (1992[2]): Die Erlebnisgesellschaft, Frankfurt/New York.

Schweizer, Thomas (1999): Wie versteht und erklärt man eine fremde Kultur? in: Kölner Zeitschrift für Soziologie und Sozialpsychologie 51/1999, S. 1–33. *Ein wissenschaftlicher Aufsatz, in dem der Autor zeigt, wie man eine fremde Kultur verstehen und erklären kann. Er bietet eine Antwort auf unsere Frage des 11. Kapitels: Ist der Relativismus vermeidbar?*

Shapin, Steven (1998): Die wissenschaftliche Revolution, Frankfurt.

Tannen, Deborah (1993): Du kannst mich einfach nicht verstehen, München.

dies. (1997): Andere Worte andere Welten. Kommunikation zwischen Frauen und Männern, Frankfurt/New York.

ten Horn-van Nispen, Marie-Louise (1999): 400 000 Jahre Technikgeschichte, Darmstadt.

Topitsch, Ernst (1988): Erkenntnis und Illusion, Tübingen.

Ueding, Gert (1995): Klassische Rhetorik, München.

Ueding, Gert/Steinbrink, Bernd (1986[2]): Grundriß der Rhetorik, Stuttgart.

Voigt, Hans-Heinrich (1994): Das Universum, Stuttgart.

Vollmer, Gerhard (1985/86): Was können wir wissen, 2 Bde., Stuttgart.

ders. (1988): Sollen impliziert können, in: Sievering, Ulrich (Hrsg.), Kritischer Rationalismus heute, Frankfurt, S. 181–210.

ders. (1993 a): Wissenschaftstheorie im Einsatz, Stuttgart.

ders.: (1993 b): „Warum haben wir keine Frage-Kultur?", in: Universitas 1/1993, S. 39–49. *In diesem Aufsatz zeigt der Autor, wie wichtig gute Fragen sind.*

ders. (1995 a): Auf der Suche nach Ordnung, Stuttgart.

ders. (1995 b): Biophilosophie, Stuttgart.

Weidenmann, Bernd (1980): Diskussionstraining, Reinbek.

Weizsäcker, Carl Friedrich von (1992²): Die Sterne sind glühende Gaskugeln und Gott ist gegenwärtig, Freiburg/Basel/Wien.

Willer, Jörg (1988): „Wehrphysik statt jüdischer Theorien", in: Universitas 5/1988, S. 558–572.

Wilson, Edward O. (1995): Der Wert der Vielfalt, München.

Wolf, Jean-Claude (1999): Moralische Argumente für den Tierschutz, in: Engels, Eve-Marie (Hg.), Biologie und Ethik, Stuttgart, S. 100–126.

Sprache – Praxis und Theorie

Hubert Schleichert
Wie man mit Fundamentalisten diskutiert, ohne den Verstand zu verlieren
Anleitung zum subversiven Denken
14. Tausend. 1999. 196 Seiten. Broschiert

Klaus Mackowiak
Grammatik ohne Grauen
Keine Angst vor richtigem Deutsch
1999. 241 Seiten. Paperback
Beck'sche Reihe Band 1286

Willy Sanders
Was die Wörter uns verraten
Kleine Geschichte rund um die Sprache
2000. 143 Seiten mit 7 Abbildungen. Paperback
Beck'sche Reihe Band 1367

Ludwig Reiners
Stilfibel
Der sichere Weg zum guten Deutsch
133. Tausend. 1990. 239 Seiten. Gebunden

J. Dominik Harjung
Lexikon der Sprachkunst
Die rhetorischen Stilformen
Mit über 1 000 Beispielen
2000. Etwa 460 Seiten. Paperback
Beck'sche Reihe Band 1359

Verlag C.H.Beck München

Philosophisches in der Beck'schen Reihe

Udo Marquardt
Spaziergänge mit Sokrates
Große Denker und die kleinen Dinge des Lebens
2000. 191 Seiten. Paperback
Beck'sche Reihe Band 1363

Nora K./Vittorio Hösle
Das Café der toten Philosophen
Ein philosophischer Briefwechsel für Kinder und Erwachsene
1998. 256 Seiten. Paperback
Beck'sche Reihe Band 4017

Otto A. Böhmer
Als Schopenhauer ins Rutschen kam
Kleine Geschichten von großen Denkern
2., unveränderte Auflage. 1998. 210 Seiten. Paperback
Beck'sche Reihe Band 1232

Otto A. Böhmer
Sternstunden der Philosophie
Schlüsselerlebnisse großer Denker von Augustinus bis Popper
1998. 215 Seiten. Paperback
Beck'sche Reihe Band 4015

Otto A. Böhmer
Neue Sternstunden der Philosophie
Schlüsselerlebnisse großer Denker von Platon bis Adorno
3. Auflage. 1999. 188 Seiten. Paperback
Beck'sche Reihe Band 1130

Verlag C.H.Beck München